1~2학년 호기심
과학상식을 시작하며

파리는 왜 앞다리를 비빌까요?
공룡은 몇 살까지 살았나요?
곤충도 피부가 있나요?
배꼽은 왜 있을까요?
지구는 몇 살인가요?
우주복은 왜 하얀가요?
과학에 대한 호기심이 샘솟는 어린이라면,
누구나 한번쯤 이와 같은 궁금증을 품었을 거예요.
왜? 어째서? 어떻게?
과학의 출발은 호기심에서 시작된답니다.
그리고 출발을 해 보면 과학이라는 세계는 끝없는 흥미와
재미의 세계임을 알 수 있지요.

과학은 우리가 보고, 듣고, 만지고, 느끼는 모든 것에
숨어 있어요. 그렇다고 해서 어렵거나 지루하지 않답니다.
오히려 신기하고 재미있지요.
〈1~2학년 호기심 과학상식〉은 어린이들이 가장 호기심을
갖는 주제인 동물, 공룡, 곤충, 인체, 지구, 우주에 대해서
쉽고 재미있게 풀어 쓴 책이에요.
어린이 여러분, 과학에 대한 호기심의 안테나를 세워 보세요.
그러면 이 책이 여러분을 흥미진진한 과학의 세계로
안내해 줄 거예요.

차례

동물

토끼의 귀는 왜 길까요? • 12

도마뱀은 꼬리가 잘려도 살 수 있나요? • 13

코끼리는 코를 이용해 무슨 일을 할까요? • 14

물고기도 잠을 잘까요? • 16

사자의 털은 왜 암수가 다를까요? • 18

오리는 어떻게 차가운 물 위를 떠다닐 수 있을까요? • 19

얼룩말의 몸에는 왜 얼룩무늬가 있나요? • 20

하이에나는 왜 찌꺼기만 먹을까요? • 22

금붕어는 왜 입을 뻐끔거려요? • 23

올빼미와 부엉이는 무엇으로 구별하나요? • 24

박쥐는 왜 거꾸로 매달려 있나요? • 26

뻐꾸기는 왜 남의 둥지에 알을 낳아요? • 28

파리는 왜 앞다리를 비빌까요? • 29

공룡

공룡이 뭐예요? • 30

공룡이 살 때 지구는 어땠나요? • 32

공룡이 살았다는 것을 어떻게 알 수 있나요? • 34

공룡은 몇 살까지 살았나요? • 36

우리나라에도 공룡이 살았을까요? • 38

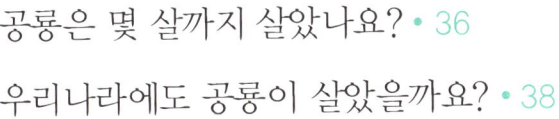

곤충도 피부가 있나요? • 41

곤충의 입은 어떻게 생겼나요? • 42

곤충도 소리를 듣나요? • 44

곤충은 어떻게 숨을 쉬나요? • 45

곤충도 사랑을 하나요? • 46

곤충의 눈은 어떻게 생겼나요? • 48

날개가 없어도 곤충인가요? • 50

곤충은 어떻게 겨울잠을 자나요? • 51

곤충은 어떻게 자신을 보호하나요? • 52

곤충은 어디에 살고 있나요? • 54

곤충도 서로 이야기를 할 수 있나요? • 56

곤충도 코가 있나요? • 58

곤충의 탈바꿈이 뭐예요? • 59

사슴벌레의 집게가 이빨이라고요? • 60

집게벌레는 왜 새끼에게 먹히나요? • 62

무당벌레는 무엇을 먹나요? • 64

물방개를 왜 물속의
청소부라고 하나요? • 65

나비는 어떻게 꽃을 찾아가나요? • 66

나비와 나방은 어떻게 달라요? • 67

모기는 왜 피를 빨아먹나요? • 69

짝짓기를 한 수컷 사마귀는 왜 죽나요? • 70

곤충도 방귀를 뀌나요? • 71

메뚜기와 귀뚜라미는 어떻게 달라요? • 72

쇠똥구리는 왜 쇠똥을 굴려요? • 73

세상에서 가장 빠르게 나는
곤충은 무엇인가요? • 74

장수풍뎅이와 사슴벌레가 싸우면
누가 이겨요? • 75

세상에서 가장 큰 곤충은 뭐예요? • 76

가장 멋진 집을 짓는 곤충은 뭐예요? • 78

벌에 쏘이면 죽을 수도 있나요? • 79

여왕벌과 여왕개미는
어떻게 무리를 다스려요? • 80

곤충은 얼마 동안 살 수 있나요? • 82

배추벌레가 변신을 한다고요? • 84

하루살이는 정말 하루만 사나요? • 85

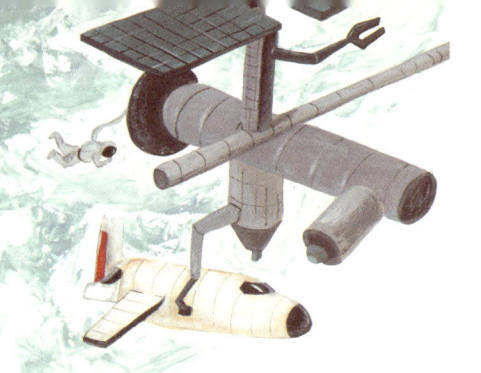

노예를 부리는 개미도 있나요? • 86

말벌 침과 꿀벌 침은 어떻게 달라요? • 87

인체

이는 왜 빠지는 걸까요? • 88

충치는 왜 생길까요? • 89

소변을 참고 있어도 될까요? • 90

감기는 왜 걸릴까요? • 92

코피는 왜 나나요? • 93

모기에 물리면 왜 빨갛게 붓고 가려울까요? • 94

눈물은 왜 날까요?
콧물은 왜 날까요? • 95

배꼽은 왜 있을까요? • 96

겨울에는 왜 입김이 나올까요? • 97

감기에 걸리면 왜 콧물이 날까요? • 98

눈은 어떻게 볼 수 있나요? • 99

눈물은 왜 짠가요? • 100

운동을 하고 나면 왜 목이 말라요? • 101

눈꺼풀은 왜 깜빡거릴까요? • 102

귀는 어떻게 소리를 들을 수 있나요? • 103

똥은 왜 마려울까요? • 104

배는 왜 고파지나요? • 105

배가 부르면 왜 졸음이 쏟아질까요? • 106

트림은 왜 나오나요? • 107

키는 몇 살까지 클까요? • 108

피부에 난 상처는 어떻게 금방 아무나요? • 109

뿌웅, 방귀는 왜 뀌나요? • 110

방귀는 왜 냄새가 나나요? • 111

피는 왜 색이 빨개요? • 112

혈액형이 뭐예요? • 113

땀은 왜 나는 거예요? • 114

잠은 왜 자야 하나요? • 116

멍은 왜 생길까요? • 117

지구

지구는 어떻게 생겨났나요? • 118

지구는 몇 살인가요? • 120

지구 속은 어떻게 생겼나요? • 122
지구의 무게는 얼마인가요? • 123
지구의 크기는 얼마만 한가요? • 124
지구의 모양은 어떠한가요? • 125
지구에 사람이 살기 시작한 것은 언제부터인가요? • 126
지구는 커다란 자석이라고요? • 127
지구가 둥근데 왜 우리는 떨어지지 않나요? • 128
지구는 우주에 떠 있는 거라고요? • 129
대기란 무엇인가요? • 130
지구에는 몇 개의 대륙이 있나요? • 131
지진은 왜 일어나나요? • 132
화산이 뭐예요? • 133
화산은 몇 가지 형태로 생기나요? • 134
화산이 폭발할 때 나오는 것은 무엇인가요? • 136
가장 크게 일어난 화산 폭발은 무엇인가요? • 137
바람은 왜 부나요? • 138
낮과 밤은 왜 생겨요? • 139

지구에서 가장 더운 곳은 어디인가요? • 140
지구에서 가장 추운 곳은 어디인가요? • 141
바닷물은 왜 겨울에 얼지 않아요? • 142
빙하는 왜 생기나요? • 143
무지개는 어떻게 생기나요? • 144
천둥과 번개는 왜 생기나요? • 145

우주는 어떻게 생겨났나요? • 146
블랙홀이 뭐예요? • 147
우주도 나이가 있나요? • 148
우주에 끝이 있나요? • 150
맨 처음 우주에 간 생명체는 개라면서요? • 152
맨 처음 우주에 다녀온 사람은 누구인가요? • 154
우주 왕복선이 뭐예요? • 156
우주선의 도킹이 뭐예요? • 158
우주 정거장은 무엇인가요? • 159
우주복은 왜 하얀가요? • 160
우주 비행사는 우주에서 어떻게 숨을 쉬나요? • 162

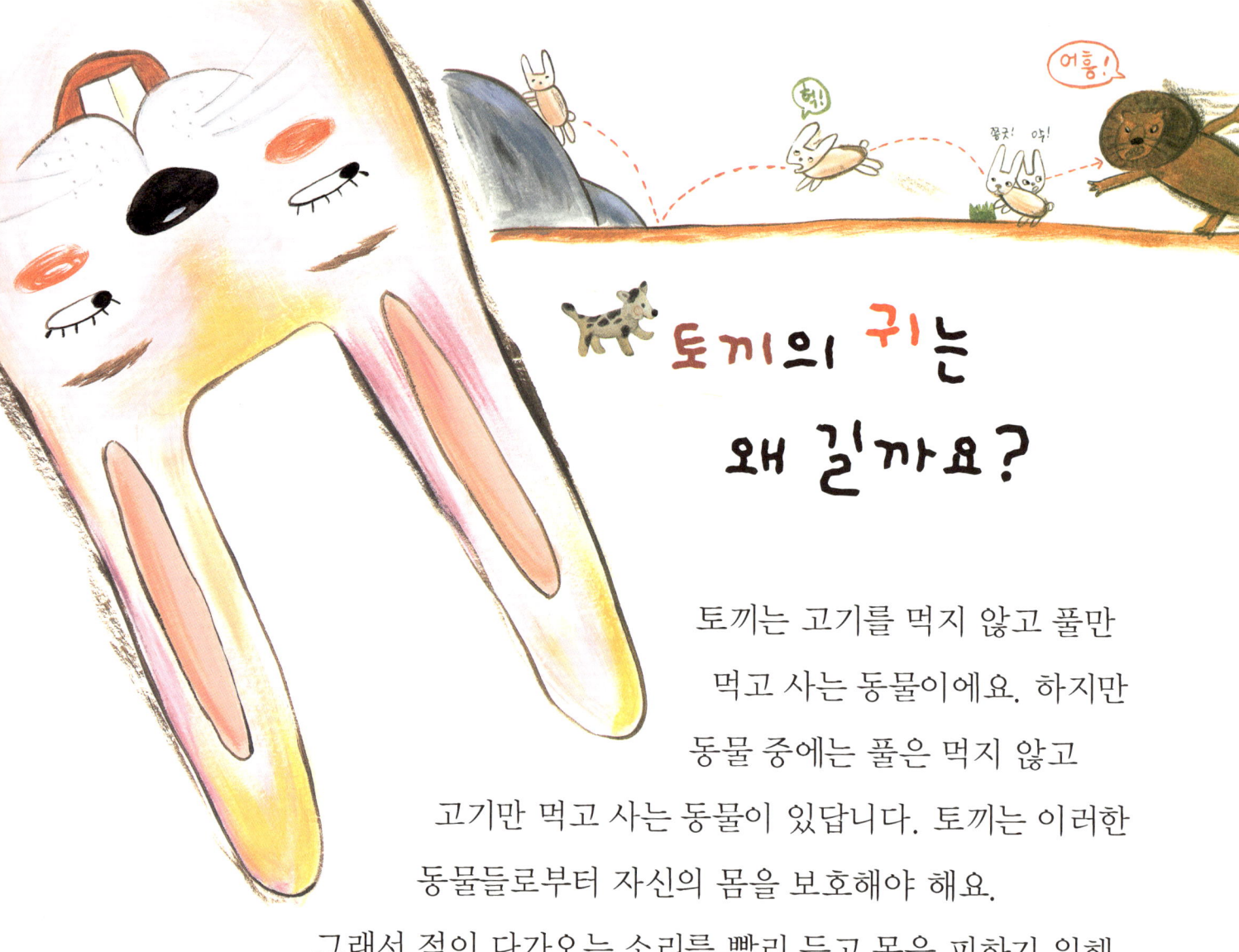

토끼의 귀는 왜 길까요?

토끼는 고기를 먹지 않고 풀만 먹고 사는 동물이에요. 하지만 동물 중에는 풀은 먹지 않고 고기만 먹고 사는 동물이 있답니다. 토끼는 이러한 동물들로부터 자신의 몸을 보호해야 해요. 그래서 적이 다가오는 소리를 빨리 듣고 몸을 피하기 위해 큰 귀가 필요했답니다. 언제, 어느 곳에서 적이 다가올지 모르기 때문에 큰 귀를 계속 쫑긋 치켜세우고 아주 작은 소리도 놓치지 않도록 주의를 하는 것이지요. 그래서 토끼의 귀는 길어졌답니다.

조금 더 알기!

토끼는 앞다리가 짧고 뒷다리가 길어서 깡충깡충 잘 뛰며, 높은 언덕에도 잘 올라가요. 새끼는 1년에 여러 번 낳을 수 있고, 임신 기간은 1개월 정도랍니다.

도마뱀은 꼬리가 잘려도 살 수 있나요?

짧은 앞뒷다리에 긴 꼬리를 가지고 있는 도마뱀!
도마뱀은 적을 만나 위험에 빠지면 흔들흔들 꼬리를 흔들어 적을 꾀어요.
"나 잡아 봐라. 덤빌 테면 덤벼."
흔들거리는 꼬리를 보고 적이 다가오면 도마뱀은 얼른 자신의 꼬리를
끊어 버려요. 적이 끊어진 도마뱀 꼬리를 보고 당황하는 사이
도마뱀은 재빨리 도망을 친답니다.
도마뱀의 꼬리는 뼈가 쉽게 빠지고,
근육도 짧아 꼬리를 끊기 쉬워요.
그리고 끊어진 꼬리는 금방 다시 생겨나요.
이때 꼬리뼈는 생기지 않고 연골과 비슷한
흰색 힘줄이 생긴답니다.

동물

동물의 세계에서 코끼리만큼 코가 긴 동물은 없어요.
코끼리의 코는 뼈가 없는 4만 개의 근육으로 이루어져 있답니다.
코끼리는 코를 이용해서 냄새를 맡고,
음식을 들어 올려 입에 넣어 먹으며,
코로 물을 빨아올려 입 안에 내뿜어 마시지요.
또한 코로 자신의 몸에 물을 뿌려 더위를 식히기도 하고,
새끼 코끼리들을 이끌고 다닐 때에는 긴 코로 길을 안내하기도 하지요.
친구에게 호의를 나타낼 때도 코를 사용하며, 적과 싸울 때는
코로 적을 꼼짝 못 하게 한 뒤 상아를 이용해서 공격을 한답니다.

조금 더 알기!

길게 늘어뜨린 코끼리 코 양옆에(엄밀히 말하면 코끼리 위턱) 뾰족하게 난
송곳니가 있어요. 상아라고 하는 것으로, 이것은 피아노 건반이나 도장,
또는 여러 가지 미술품을 만드는 데 쓰인답니다.

물고기도 잠을 잘까요?

흐느적흐느적 물속을 헤엄쳐 다니는 물고기들도 잠을 잡니다.

그러면 사람처럼 눈을 감고 잘까요? 아니에요.

물고기들은 눈을 뜬 채로 잔답니다.

물고기는 동물과 다르게 눈꺼풀이 없거든요.

잠을 자는 모습도 물고기마다 달라요.

붕어나 잉어 같은 민물고기는 물속의 바위나 수초 그늘에서 자지만,

가자미는 모래 속이나 개울을 파고 들어가서 잠을 잔답니다.

참치나 고등어 같은 물고기는 헤엄을 치며 돌아다니면서 잠을 자고요.

참, 신기하지요?

사자의 털은 왜 암수가 다를까요?

텔레비전에서 동물이 나오는 프로그램을 본 적 있나요?
사자들이 아프리카 정글을 누비고 다니는 방송말이에요.
혹시 보았다면, 한 가지 이상한 점을 발견했을 거예요.
사자의 모습이 암놈과 수놈이 다르지요?
수사자는 얼굴과 등에 멋진 털이 나 있지만, 암사자는 수사자보다
몸집도 작고 털도 짧게 나 있을 거예요. 왜 그럴까요?

수사자는 암사자에게 크고 힘세게 보이기 위해서 멋진 털이 얼굴과 등에 나 있는 거랍니다. 암사자에게 멋지게 보이기 위한 일종의 장식이지요.

닭이나 꿩, 오리 같은 날짐승들도 거의가 수컷이 암컷보다 더 아름답게 생겼답니다.

오리는 어떻게 차가운 물 위를 떠다닐 수 있을까요?

사람이 추운 겨울날 강물에 들어가 수영을 한다면, 어떨까요?

감기가 심하게 걸리겠지요?

그런데 오리는 어떻게 차가운 물 위를 떠다닐 수 있을까요?

발은 시리지 않을까요?

오리는 겉에 나 있는 털 속에 솜털이 아주 빽빽하게 나 있어요.

그 솜털 때문에 물이 직접 살에 닿지 않아 따뜻한 체온을 유지할 수 있답니다. 그리고 꽁무니 부분에 기름샘이 있어서 부리로 연신 기름을 깃털에 묻혀서 물이 스며들지 않도록 하기 때문에 체온이 떨어지지 않아요. 또한 오리의 발은 피가 흐르지 않고 신경도 없어서 찬물에 떠 있어도 체온을 빼앗기지 않는답니다. 오리가 차가운 물 위를 떠다닐 수 있는 이유, 이제 알았지요?

얼룩말의 몸에는 왜 얼룩무늬가 있나요?

얼룩말은 몸에 검은색과 흰색의 가로 줄이 있어요.

사실 이 줄은 검은색과 흰색의 털이에요.

이 털 무늬 때문에 어디서나 금방 눈에 띄지요.

그런데 이 줄무늬가 얼룩말을 위험에서 보호해 준다는 사실을 알고 있나요?

맹수는 늘 먹잇감으로 한 마리의 동물을 찍어요.

얼룩말을 발견한 맹수도 떼를 지어 노니는 얼룩말 가운데 한 마리를 향해

달려들지요. 그런데 놀란 얼룩말들이 도망을 가기 시작하면

맹수는 당황하고 말아요. 얼룩무늬의 말들이 한꺼번에 달리면

어느 얼룩말이 자신이 사냥하려고 했던 말이었는지 구별을 할 수 없거든요. 맹수가 당황하는 사이 얼룩말들은 "걸음아, 날 살려라!" 도망을 간답니다.

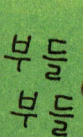하이에나는 왜 찌꺼기만 먹을까요?

하이에나는 아프리카에 사는 동물이에요.
이 동물의 별명은 재미있게도 '아프리카의 청소부'랍니다.
왜냐하면 하이에나는 다른 동물들이 먹다만 찌꺼기를 먹거나
사람의 시체를 먹기 때문이에요.
하이에나는 스스로 먹이를 잡아서 먹는 경우가 많지 않아요.
그보다는 잘 발달된 후각을 이용해 킁킁 냄새를 맡아 다른 동물들이
먹다 남긴 찌꺼기를 찾아내 먹고 산답니다.
이렇게 살아가는 이유는, 하이에나의
뒷다리가 앞다리보다 약하기 때문이에요.
먹이를 잡으려면 도망가는 동물을 쫓아가서
잡아야 하는데, 뒷다리가 약하기 때문에 잘
뛰지를 못해 먹이를 놓쳐 버린답니다.
그래서 다른 동물들이 먹다만
찌꺼기를 먹고 산답니다.

부들부들

금붕어는 왜 입을 뻐끔거려요?

오늘따라 어항 속 금붕어가 물 위로 떠올라 입을 자주 뻐끔거린다고요? 그렇다면 얼른 어항의 물을 갈아 주세요. 금붕어는 물속에 녹아 있는 산소를 들이마셔서 숨을 쉬어요. 그런데 오랫동안 물을 갈아 주지 않으면 물속에 산소가 부족해져 숨을 쉬기가 힘들어진답니다. 그러면 물 위로 올라와 공기 중에 있는 산소를 들이마시지요. 이러한 때는 얼른 어항의 물을 갈아 주거나 기계로 물속에 산소를 넣어 주어야 해요.

부엉이

올빼미와 부엉이는 무엇으로 구별하나요?

올빼미와 부엉이는 낮에는 나뭇가지에 앉아 꼼짝을 하지 않아요.
밤이 되면 그제야 먹잇감을 찾아 활동을 하지요. 두 새는 모두
날카로운 부리와 발톱으로 들쥐, 다람쥐 등의 동물을 잡아먹는
좀 무시무시한 새예요.
그런데 생김새와 깃털 색깔이 서로 비슷해서 헷갈릴 수 있어요.
두 새를 구분하는 가장 큰 특징은, 부엉이가 올빼미보다 눈이 더 크고
머리 꼭대기에 귀 모양의 깃이 있다는 점이에요.

올빼미

박쥐는 왜 거꾸로 매달려 있나요?

박쥐는 날개를 펴고 나는 동물이지만, 새와는 달라요.
새는 뼈가 날개를 지탱하지만, 박쥐는 뼈가 없이 얇은 피부가
두 겹으로 겹쳐져 있거든요.
박쥐가 동굴에 매달려 있는 것은 다리에 힘이 없기 때문에요.
다른 동물들처럼 다리를 땅에 딛고 서면 몸무게를 이기지 못하고
꽈당! 넘어지거든요.
대신 박쥐의 발톱이 갈고리처럼 휘어 있어 무엇인가 잡기에 좋아요.
그래서 거꾸로 매달려 있게 되었답니다.

조금 더 알기!

박쥐는 색맹이에요. 그런데 어떻게 먹이를 잡을까요? 그건 초음파를 이용하기 때문이에요. 박쥐는 입으로 강한 소리를 내서 그 소리가 먹이에 닿은 뒤 되돌아오는 소리를 듣고 먹잇감이 있는 위치를 알아내요. 또 박쥐는 귀가 무척 발달해서 사람이 들을 수 없는 소리까지 듣는답니다.

동물

뻐꾸기는 왜 남의 둥지에 알을 낳아요?

뻐꾸기는 얌체예요. 자신은 둥지를 짓지 않고 남이 지어놓은 둥지에 알을 낳거든요.

"뻐꾸기야, 너 그게 무슨 심보니?"

"미안, 나도 어쩔 수 없어. 이건 나의 본능이야."

뻐꾸기는 5월에서 8월까지 종달새나 멧새, 때까치 등 자신보다 작은 새의 둥지에 1~3개의 알을 낳아요. 뻐꾸기의 알은 이 새들의 알과 비슷해서 둥지 주인은 눈치를 채지 못하지요.

둥지 주인은 알을 품어 부화를 시키고 새끼들이 태어나면 열심히 먹이를 물어다 주어요. 그런데 '그 어미에 그 새끼'라고 할까요? 새끼 뻐꾸기는 태어난 지 하루나 이틀 사이에 둥지 안에 있는 가짜 어미의 알과 새끼를 둥지 밖으로 밀어 떨어뜨려요. 자신이 더 많은 먹이를 받아먹으려는 속셈이지요. 무럭무럭 자란 새끼 뻐꾸기는 가짜 어미에게 고맙다는 인사도 없이 훌쩍 둥지를 떠나 버려요. 정말 은혜도 모르는 뻐꾸기이지요?

조금 더 알기! 뻐꾸기는 수컷과 암컷의 울음소리가 달라요.
수컷은 "뻐꾹뻐꾹." 울고요, 암컷은 "삐삐삐삐." 운답니다.

 파리는 왜 앞다리를 비빌까요?

파리는 윙윙 날아다니다 아무 곳에나 앉아요. 강아지가 눈 똥에도 앉고, 고소한 과자 위에도 앉아요. 이곳저곳 날아다니며 발에 나쁜 균도 묻히고요. 그러고는 아무렇지 않게 사람이 먹는 음식 위에 앉지요. 그래서 파리 때문에 병이 생길 수 있답니다.

그런데 앉아 있는 파리를 보세요. 앞다리를 싹싹 빌고 있지요?
"잘못했어요. 살려 주세요." 하는 것만 같아요. 파리가 앞다리를 비비는 것은 앞다리에 있는 빨판을 청소하는 거예요.

파리는 빨판으로 음식물을 빨아 먹고, 냄새를 맡기도 해요. 그리고 빨판으로 유리창이나 천장에 달라붙기도 하고요.

그런데 빨판에 먼지가 끼면 이러한 일들을 제대로 하기 힘들답니다. 그래서 침을 묻혀 가며 열심히 비벼 빨판을 청소하는 거예요.

공룡이 뭐예요?

어떤 동물이 공룡이에요? 공룡의 특징은 무엇일까요? 궁금하지요?
공룡은 중생대에만 살았던 몸집이 큰 파충류예요.
파충류는 지금의 악어, 거북, 도마뱀과 같은 동물을 말해요.
하지만 거북이나 악어는 물속에서도 살지만 공룡은 땅 위에서만
살았답니다. 또 악어나 도마뱀은 몸 양쪽으로 벌어진 다리로
엉금엉금 기어 다녔지만, 공룡은 몸통과 직각을 이루고
몸 아래로 뻗은 곧은 다리로 쿵쿵쿵, 걷거나 뛰어다녔답니다.
공룡이 파충류라고 하지만, 악어나 도마뱀과는 다른
파충류였다는 것을 기억하세요.

조금 더 알기!

파충류는 겉피부가 변화한 비늘로 덮여 있고, 꼬리가 길고 네 다리는 짧은 동물이에요. 허파로 숨을 쉬고, 바깥 온도에 따라 몸의 온도가 변하며, 알을 낳아요. 거북, 뱀, 악어 등이 파충류랍니다.

거대한 파충류인 공룡은 걸어 다녔어.

공룡이 살 때 지구는 어땠나요?

공룡이 살던 때는 중생대라고 했지요?

중생대는 지금 우리가 살고 있는 지구의 모습과 달랐어요.

맨 처음 트라이아스기 때 지구는 대륙이 모두 붙어 하나의 덩어리였어요.

기온은 사막의 날씨처럼 덥고 건조했지요. 식물은 은행나무, 침엽수,

소철류, 고사리와 같은 양치 식물이 자라고 있었어요.

꽃이 피는 식물은 없었고, 새도 없었답니다. 이 시기에 코엘로피시스나

플라테오사우루스 같은 공룡이 나타나기 시작했어요.

바다에는 육식 파충류가, 늪에는 악어의 먼 조상들이 살고,

하늘에는 익룡이 날아다녔답니다.

쥐라기 때는 대륙이 조금씩 분리되기 시작했어요.

아프리카와 아메리카가 나뉘고 차츰 바다가 늘어났어요.
기온은 따뜻해지고 습기도 많아졌지요. 비가 많이 오자 식물은 더욱더 우거져 울창한 숲을 이루었어요.
땅에는 브라키오사우루스처럼 거대한 초식 공룡을 비롯하여 다양한 공룡들이 살기 시작했어요. 바다에는 상어, 가오리 등이 나타나고, 하늘에는 시조새가 날기 시작했답니다.
백악기 때는 대륙이 더 나뉘어져 지금의 지구와 비슷해졌어요.
기온은 더욱더 따뜻해졌고, 여기저기 호수가 만들어졌어요.
꽃이 피는 풀과 나무들이 생겨났고, 새들이 많아졌어요. 뿔이 있는 공룡과 오리주둥이공룡이 나타났고, 바다에는 바다 도마뱀 같은 파충류들이 폭발적으로 늘어났어요.
하지만 백악기 말기에 이르러 공룡들은 모두 지구에서 모습을 감추었어요.

공룡이 살았다는 것을 어떻게 알 수 있나요?

'무서운 도마뱀' 공룡! 6500만 년 전에 사라진 공룡이 지구에 살았다는 것을 어떻게 알 수 있을까요? 사진을 찍어 두었을까요? 아니면 그림이라도 그려 놓았을까요? 모두 아니에요. 공룡이 살았던 때는 우리 사람이 살기 훨씬 전이라서 그런 일은 할 수 없었답니다.

그럼 공룡이 살았다는 것을 어떻게 알 수 있을까요?

바로 화석을 통해서랍니다. 화석은 동물이나 식물의 일부나 전체 모양이

다음은 갈비뼈를 맞추고.

돌 속에 남아 있는 것을 말해요. 학자들은 전 세계 곳곳에서 발견되는 공룡 발자국, 공룡 알, 공룡 뼈 등의 화석을 통해서 공룡이 살았다는 것을 알게 되었어요. 학자들은 화석으로 발견된 공룡 뼈에 살을 붙이고 몸속 기관 등을 살려 내 온전한 공룡을 만들어 낸답니다.

조금 더 알기!

공룡이 죽으면 시체에 모래나 자갈, 진흙이 덮여요. 오랜 세월 동안 진흙과 모래, 자갈 등이 되풀이되어 쌓이면 살은 썩어 없어지고 뼈와 이빨 등은 공룡이 죽었을 때의 모습 그대로 돌처럼 단단하게 굳어지는데 이것이 바로 화석이랍니다.

공룡은 몇 살까지 살았나요?

공룡은 알을 낳는다고 했지요? 알에서 갓 나온 새끼 공룡은 아주 작아요.
하지만 빠르게 자라 몸집이 어느 정도 자라면 천천히 자란답니다.
하지만 신타르수스는 어느 정도 자라면 더 이상 자라지 않았어요.
우리 사람처럼 말이에요. 그런데 마소스폰딜루스는 멈추지 않고
계속 자랐답니다. 그럼 공룡은 몇 살까지 살았을까요?
브라키오사우루스처럼 몸집이 큰 초식 공룡은 백 살 정도 살았어요.
하지만 티라노사우루스는 스물여덟 살 정도밖에 살지 못했답니다.

아무리 크고 늙어도
내 먹잇감이구먼. 흥!

조금 더 알기!

공룡 화석은 전 세계 모든 대륙에서 발견되고 있어요. 심지어 추운 남극에서도 발견되었지요. 지금까지 화석으로 알려진 공룡은 약 670종이랍니다.

우리나라에도 공룡이 살았을까요?

놀라지 마세요. 우리나라는 세계에서 공룡 발자국이 가장 많이 발견된 나라예요. 특히 경상남도 고성에만 5천 개가 넘는 공룡 발자국이 있고, 경상남도와 경상북도 지역 여기저기에 3천 개가 넘는 공룡 발자국이 있답니다. 대부분 중생대 백악기 때의 공룡 발자국들이어서 이 지역은 백악기 공룡들의 천국이라고 할 만하지요.

공룡 발자국 말고도 공룡 알, 공룡 뼈, 이빨, 발톱, 공룡 똥 등이 발견되어 우리나라에 공룡이 살았음을 알 수 있어요.

더욱이 2000년에는 경상남도 하동군에서 부경대학교 연구 팀이 공룡 뼈 화석을 발견하여 '부경고사우루스'라는 우리말 이름을 지어 주었답니다.

나도 한 발자국.

공룡

나도.

내 발자국도.

조금 더 알기!

진주시에서 공룡 똥 화석이 발견되었어요. 공룡의 똥 화석을 다른 말로 '분석'이라고 해요. 분석은 공룡들의 먹이와 생활 양식, 살던 곳 등을 알 수 있는 좋은 연구 자료랍니다.

곤충도 피부가 있나요?

우리 몸 전체를 둘러싸고 있는 얇은 막을 피부라고 해요.
보들보들 야들야들하지요. 피부는 몸 안으로 세균과 물이 들어가지 못하게
막아 주고, 몸속에 있는 물이 몸 밖으로 나가지 못하도록 해 주어요.
그럼, 곤충도 이렇게 고마운 피부가 있을까요?
곤충은 몸을 감싸고 있는 겉의 딱딱한 껍데기가 바로 피부예요.
우리 사람처럼 부드럽지는 않지만 세균이나 물이 몸 안으로
들어가지 못하도록 막아 준답니다.

곤충의 입은 어떻게 생겼나요?

곤충은 먹이를 먹는 방식이 서로 달라요. 어떤 곤충은 먹이를 씹어서 먹지만, 어떤 곤충은 핥아서 먹어요. 또 어떤 곤충은 빨아먹지요. 이렇게 먹이를 먹는 방식이 다르다 보니 곤충의 입도 그에 맞게 생김새가 달라요. 잠자리, 메뚜기, 사마귀처럼 먹이를 물어뜯어 먹는 곤충은 씹는 입을 가지고 있어요. 나비처럼 꿀을 빨아먹는 곤충은 긴 빨대처럼 생긴 빠는 입을 가지고 있고, 모기나 매미처럼 뾰족한 입으로 콕 찔러 진이나 즙을 빨아먹는 곤충은 찌르는 입을 가지고 있지요. 파리나 사슴벌레처럼 혀로 먹이를 핥아먹는 곤충은 핥는 입을 가지고 있답니다.

곤충

역시 씹어야 제맛~

곤충도 소리를 듣나요?

나비를 잡았어요. 그런데 아무리 찾아보아도 귀가 보이지 않는다고요?
그래서 "아하, 곤충은 귀가 없어 소리를 못 듣는구나!"라고 생각했다고요?
그랬다면 그건 아주 잘못 생각한 거예요.
곤충은 귀는 없지만 소리를 느낄 수는 있거든요. 곤충은 더듬이나 다리,
몸의 잔털이 떨리는 것으로 소리를 느끼고 알아차린답니다.

조금 더 알기!

어떤 곤충은 소리를 듣는 고막이라는 기관이 있어요. 귀뚜라미나 여치는 앞다리의 종아리마디에 고막이 있고, 메뚜기는 뒷다리 허벅지 윗부분에 고막이 있어요. 또 하늘나방과 독나방은 뒷가슴 양쪽에 고막이 있어서 소리를 알 수 있답니다.

곤충은 어떻게 숨을 쉬나요?

사람은 코나 입으로 숨을 쉬지만, 곤충은 기문으로 숨을 쉬어요. 기문은 곤충의 몸 옆쪽에 열려 있는 구멍으로 몸속 기관과 연결되어 있어요. 보통 가운뎃가슴마디보다 뒤쪽에 있는 마디에 10쌍이 있어요. 기문으로 숨을 들이쉬면 산소가 기관을 지나 뇌, 위, 장, 근육 등으로 전해져요.

〈곤충의 구조〉

곤충도 사랑을 하나요?

곤충도 아름다운 사랑을 한답니다. 곤충의 사랑을 짝짓기라고 해요.
짝짓기는 알을 낳아 자신들과 똑같은 후손을 남기기 위한 행동이에요.
짝짓기를 위해 수컷 곤충들은 저마다의 방법으로 암컷을 끌어들여요.
매미는 힘찬 울음소리로 암컷 매미를 불러 짝짓기를 해요.
수컷 나비는 마음에 드는 암컷 주위를 돌며 사랑을 고백해요.
암컷이 수컷의 마음을 받아들이면 함께 하늘로 올라 멋진 춤을 춘 뒤
풀줄기에 앉아 짝짓기를 하지요. 나방은 암컷이 페로몬이라는 냄새를
풍겨서 수컷을 끌어들여요. 수컷이 냄새를 맡고 암컷에게 가면
짝짓기가 이루어진답니다.

곤충의 눈은 어떻게 생겼나요?

메롱~

잠자리를 잡아본 적 있나요? 풀잎 위에 앉아 있는 잠자리를
보고 살금살금 다가가 손을 내밀면 어떻게 알았는지
날아가 버리곤 했을 거예요. 잠자리는 뒤에도 눈이 있나?
적이 다가오는 것을 어떻게 알고 도망갈까요?
그 까닭은 바로 눈 때문이에요.
잠자리를 비롯한 곤충은 두 개의 큰 겹눈과 세 개의 작은 홑눈을
가지고 있어요. 겹눈은 작은 눈이 수백 개 모여 있는 눈이랍니다.
눈이 많다 보니 움직이는 물체를 잘 볼 수 있지요.

어떻게 알았니?
빠르다.

또 홑눈은 물체의 형태와 밝음과 어두움을 잘 느낄 수 있어요.
이렇게 눈이 많으니 곤충은 적을 쉽게 알아차리고 달아날 수 있어요.
반대로 먹이를 잡을 때는 작은 먹잇감도 놓치지 않고 잡을 수 있답니다.

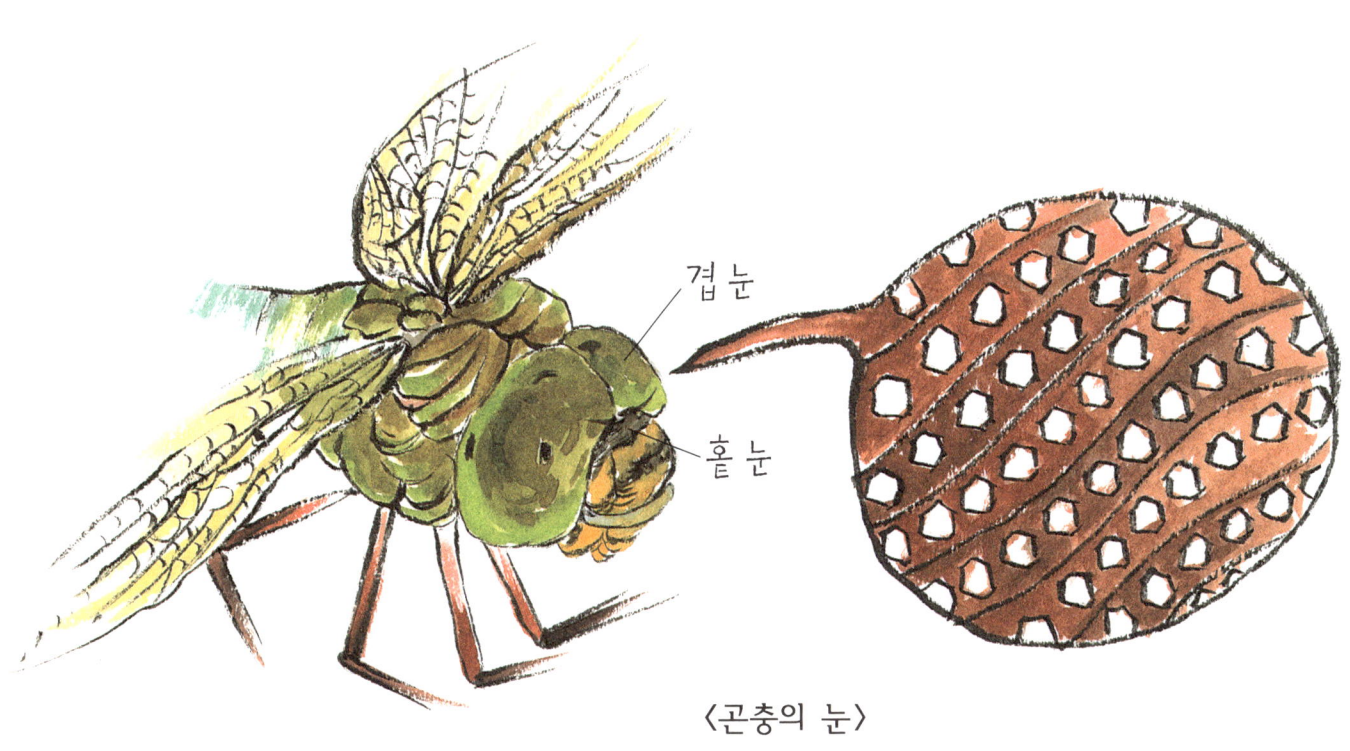

〈곤충의 눈〉

날개가 없어도 곤충인가요?

곤충의 특징 가운데 하나는 날개가 있는 거예요.
하지만 어떤 곤충은 날개가 없어요. 날개가 없어도 곤충이랍니다.
대표적인 것이 개미예요. 개미는 수개미와 여왕개미만 날개가 있고,
일개미는 날개가 없어요. 또 늦반딧불이의 수컷은 날개가 있어
날 수 있지만, 암컷은 날개가 아주 작아 날지를 못하고 기어 다녀요.
이들 곤충들은 처음에는 날개가 있었지만, 점점 날개를
사용하지 않아 없어져 버린 거랍니다.

날개도 없는 개미야! 너 곤충 맞아?

나! 곤충 맞거든!

조금 더 알기!

곤충은 몸이 마디로 연결되어 있고 머리, 가슴, 배로 나뉘어요. 단 다리가 세 쌍 더듬이가 한 쌍, 날개가 두 쌍 있어요. 눈은 두 개의 겹눈과 세 개의 홑눈을 가지고 있어요.

곤충은 어떻게 겨울잠을 자나요?

추운 겨울이 되면 곤충들은 꼼짝하지 않고 잠을 자기 시작해요. 먹이도 구하기 힘든 겨울에 돌아다니다가 얼어 죽기라도 하면 큰일이니까요.
어떤 곤충은 어른벌레인 채로 떼를 지어 잠을 자고, 어떤 곤충은 알이나, 애벌레, 번데기인 상태로 겨울잠을 잔답니다.
무당벌레처럼 어른벌레로 잠을 자는 곤충은 나무껍질이나 돌 틈에 모여 잠을 자고, 사마귀나 풀무치 등은 알 상태로 잠을 자요. 또 장수풍뎅이처럼 애벌레로 겨울을 나는 곤충은 두엄이나 낙엽 속에서 잠을 자지요.
배추흰나비나 호랑나비는 고치 속에서 번데기로 잠을 잔답니다.

곤충은 어떻게 자신을 보호하나요?

곤충

곤충은 크기도 작고 힘도 세지 않아 늘 크고 강한 동물에게 쉽게 잡아먹힐 위험이 있어요. 그래서 곤충은 자신을 보호할 무기를 가지고 있답니다. 바로 보호색이지요. 보호색은 곤충의 몸 색깔이 주위 환경과 비슷해서 눈에 띄지 않는 것을 말해요. 메뚜기는 풀잎과 같은 초록색을 띠고 있어서 새들의 눈에 잘 띄지 않아요. 또 번데기는 나뭇가지와 비슷한 갈색을 띠고 있어서 허물을 벗을 때까지 잡아먹히지 않고 안전하게 나뭇가지에 매달려 있을 수 있답니다.

조금 더 알기!

자신의 몸을 보호하기 위해 겉모습이 사는 곳과 비슷한 곤충이 있어요. 또 사냥을 하기 위해 다른 곤충과 비슷한 모습을 하고 있는 곤충도 있어요. 이를 '의태'라고 해요. 대표적으로 나뭇가지와 똑같이 생긴 자벌레와 독침이 있는 벌을 흉내 내는 광대꽃하늘소가 있어요.

곤충은 어디에 살고 있나요?

곤충이 살고 있는 곳은 숲 속이나 들판, 물가 등이에요.
숲 속에는 여러 종류의 나무들이 있어요. 나무 근처에
가면 사슴벌레, 하늘소, 장수풍뎅이 등 다양한 곤충을
볼 수 있어요. 들판에는 개망초, 쑥부쟁이, 자리공 등 많은 풀과
꽃이 피어 있어요. 이곳에서는 꽃을 찾아오는 벌과 나비,
꽃등에와 메뚜기 등을 볼 수 있어요. 물가에서는
잠자리, 소금쟁이, 물방개 등의 곤충을 볼 수 있어요.

곤충도 서로 이야기를 할 수 있나요?

"친구야, 지우개 좀 빌려 줄래?"

"그래, 여기 있어."

이처럼 우리는 하고 싶은 말이 있으면 서로 이야기를 해요.

그런데 곤충은 말을 못 하니 참 답답하겠지요? 그렇지 않아요.

곤충도 소리나 행동으로 서로 이야기를 한답니다.

수컷 매미나 귀뚜라미, 사슴벌레, 베짱이 등은 큰 울음소리로

암컷을 부르거나 자신의 영역을 알려요.

반딧불이는 반짝이는 빛으로 사랑하는 짝을 찾는다고 이야기를 해요.

개미는 페로몬이라는 냄새를 풍겨서 다른 개미에게 길을 알려 주어요.

또 꿀벌은 꿀이 있는 곳을 엉덩이를 흔들어 알려 준답니다.

어머, 멋쟁이 수컷이 나를 부르네!

맴 맴 맴

조금 더 알기!

페로몬은 곤충이 내뿜는 물질이에요. 같은 종류의 곤충에게 어떤 행동을 하게 하는 물질이지요. 같은 종류의 곤충에게 위험을 알리는 페로몬, 수컷이나 암컷을 부르는 성 페로몬 등을 말해요. 페로몬은 곤충은 맡을 수 있지만, 사람은 맡을 수 없어요.

곤충도 코가 있나요?

"와~ 맛있는 냄새!"

고소한 부침개 냄새를 맡으면 우리는 코를 벌름벌름해요.

강아지도 먹이를 찾을 때는 코를 킁킁거리며 냄새를 맡지요.

그럼, 곤충은 어떨까요? 곤충도 냄새를 맡는 코가 있을까요?

그럼요. 곤충도 코를 가지고 있답니다.

곤충은 머리에 있는 두 개의 더듬이가 바로 코예요.

모양은 우리와 다르지만 이 더듬이로 냄새를 맡는답니다.

곤충의 탈바꿈이 뭐예요?

탈바꿈은 곤충이 자라면서 몸의 모습과 구조가 바뀌는 것을 말해요.

나비, 벌, 파리, 무당벌레, 장수하늘소와 같은 곤충은 알에서 애벌레가 생겨요. 애벌레는 번데기가 되고, 번데기에서 나비, 벌, 파리, 무당벌레, 장수하늘소가 나온답니다. 이런 탈바꿈을 '완전 탈바꿈'이라고 해요.

그런데 매미, 잠자리, 바퀴벌레, 하루살이, 메뚜기, 사마귀 등의 곤충은 알에서 애벌레가 되었다가 곧바로 어른벌레(성충)로 모습을 바꾸어요. 애벌레에서 번데기가 되지 않고 곧바로 어른벌레가 되는 것이지요. 이런 탈바꿈을 '불완전 탈바꿈'이라고 해요.

〈완전 탈바꿈〉

〈불완전 탈바꿈〉

사슴벌레의 집게가 이빨이라고요?

수컷 사슴벌레는 머리에 집게처럼 생긴 뿔이 달려 있어요.
집게 안쪽에는 날카로운 돌기도 있어요. 이 집게는 사실
사슴벌레의 턱이에요. 날카로운 돌기는 이빨이고요.
그렇다고 턱으로 먹이를 집어 이빨로 씹어먹지는 않아요.
턱은 싸움을 할 때 무기로 쓸 뿐이랍니다. 먹이는 혀로 나뭇진을
빨아먹어요. 암컷의 턱은 수컷의 턱과 달리 작고 뾰족해요.
암컷은 나무에 알 낳을 구멍을 팔 때만 턱을 쓰기 때문에
큰 턱이 필요 없답니다.

집게벌레는 왜 새끼에게 먹히나요?

집게벌레는 쌍살벌만큼 자식 사랑이 유별나요.
짝짓기가 끝나면 암컷 집게벌레는 수컷 집게벌레를 잡아먹어요.
알을 낳으려면 영양분이 많이 필요하기 때문에 어쩔 수 없어요.
암컷 집게벌레는 알을 낳은 뒤 알의 곁을 떠나지 않고 돌보기 시작해요.
매일 알을 닦아 세균이 얼씬도 못 하게 하고, 너무 추우면 알맞은
온도를 찾아 알을 옮기기도 해요. 하지만 알에서 애벌레가
나올 때쯤이면 암컷 집게벌레는 기운을 잃고 그만 죽고 만답니다.
그러면 애벌레들이 어미를 먹어치워요. 애벌레들은 어미를 먹어 몸에
영양분을 가득 저장한 덕분에 추운 겨울을 거뜬히 견뎌낼 수 있게
된답니다.

우리 아가들~
깨끗해야지.

무당벌레는 무엇을 먹나요?

무당벌레는 농부들에게 고마운 곤충이에요. 무당벌레는 진딧물을 좋아하거든요. 애벌레 때부터 진딧물을 먹기 시작하여 다 자란 어른벌레가 되어서도 변함이 없어요. 애벌레 한 마리가 한 달 동안 약 7백 마리의 진딧물을 먹는다고 하니 정말 대단하지요?

진딧물은 풀이나 나무의 잎이나 가지에 붙어서 진을 빨아먹는 해충이에요. 채소에 진딧물이 생기면 채소가 잘 자라지 못한답니다.

무당벌레가 이렇게 골칫덩어리인 진딧물을 잡아먹으니, 무당벌레가 농부들에게 얼마나 고마운 곤충인지 알 수 있겠지요?

식신 나가신다!
물방개를 왜 물속의 청소부라고 하나요?

물방개, 이름이 참 귀엽지요? 하지만 물방개의 식성을 안다면 귀엽다는 말이 쏙 들어갈 거예요. 물방개는 물속 곤충을 닥치는 대로 먹어치우거든요. 물방개의 먹이는 작은 물고기와 물자라, 잠자리 애벌레 등 물속 작은 곤충이에요. 살아 있는 곤충뿐만 아니라 동물의 사체까지도 씹어먹는답니다. 매끈하고 단단한 날개가 몸을 감싸고 있는 물방개는 힘도 세어서 불빛을 보면 날아들기도 한답니다.

무섭다~

나비는 어떻게 꽃을 찾아가나요?

"으음, 꽃향기네? 얘들아, 저쪽으로 날아가 보자."
나비도 코가 있나요? 어떻게 꽃향기를 맡을 수 있지요?
나비는 더듬이로 꽃향기를 맡아요. 그래서 향기로운 꽃 주위에는 늘 나비가 있답니다. 또 하나, 나비는 꽃의 색깔과 모양을 보고 날아든답니다. 나비의 눈에는 꿀이 있는 부분은 진하게 보여요. 나비들은 어떤 색깔의 꽃에는 꿀이 많다는 것을 경험으로 알고 꽃을 찾아오게 된답니다.

이 꽃은 꿀이 많다는 걸 난 알고 있어.

맛있는 냄새~
음~

나비와 나방은 어떻게 달라요?

나비와 나방은 이름이 비슷하고 둘 다 날개를 가지고 날아다니는 곤충이지만 서로 달라요. 나방은 몸이 굵고 몸에 비해 날개가 작아요. 활동도 밤에만 하는 야행성이지요. 그래서 갈색, 회색, 검은색, 흰색 등 어두운 밤에 잘 띄지 않는 빛깔의 날개로 자신을 보호하고 있어요. 나비는 몸이 가늘고 빛깔이 아름다운 날개를 가지고 있어요. 밤에는 잠을 자고 낮에만 활동을 하기 때문에 꽃의 화려한 빛깔과 비슷한 날개로 자신을 보호하고 있답니다.

조금 더 알기!

나비와 나방은 둘 다 날개에 비늘가루가 붙어 있어요. 그럼, 비늘가루는 어떤 일을 할까요?
1. 물을 튕겨 몸이 물에 젖지 않게 해요. 2. 하늘을 날 때 바람의 저항을 줄여 주어 날기 쉽게 해 줘요. 3. 날개의 색깔이나 문양을 만들어 줘요. 4. 비늘가루 냄새로 수컷을 불러들여요.

모기는 왜 피를 빨아먹나요?

"앗, 따가워!"

여름밤이면 모기 때문에 잠을 설치기 일쑤예요. 잠이 들락말락한 순간 "웽~" 하고 귓가를 울리는 모기 소리는 그야말로 공포이지요. 동물의 피를 빠는 것은 암컷 모기예요. 암컷 모기가 피를 빠는 것은 알을 낳을 때 필요한 영양분을 얻기 위해서예요. 핏속에는 모기가 알을 낳는 데 필요한 영양분이 들어 있거든요. 암컷 모기는 한 번 또는 두 번 피를 빤 뒤 물이 괴어 있는 곳에 알을 낳아요.

조금 더 알기!

수컷 모기는 식물의 즙액이나 과일의 즙액을 먹고 살아요. 피는 빨지 않아요. 그래서 우리를 무는 모기는 모두 암컷 모기랍니다.

짝짓기를 한 수컷 사마귀는 왜 죽나요?

암컷 사마귀와 짝짓기를 할 수컷 사마귀는 목숨을 잃을 각오를 해야 해요. 암컷 사마귀는 짝짓기를 마치면 수컷 사마귀를 머리부터 먹어치우거든요. 그런데 암컷 사마귀가 수컷 사마귀를 잡아먹는 데는 다 이유가 있어요. 암컷 사마귀가 알을 낳으려면 많은 영양분이 필요하거든요. 그래서 암컷 사마귀는 수컷 사마귀를 잡아먹어서 알을 낳는 데 필요한 영양분을 얻는 거랍니다. 좀 무시무시하지만 이것은 사마귀가 후손을 계속 이어가려는 본능이에요.

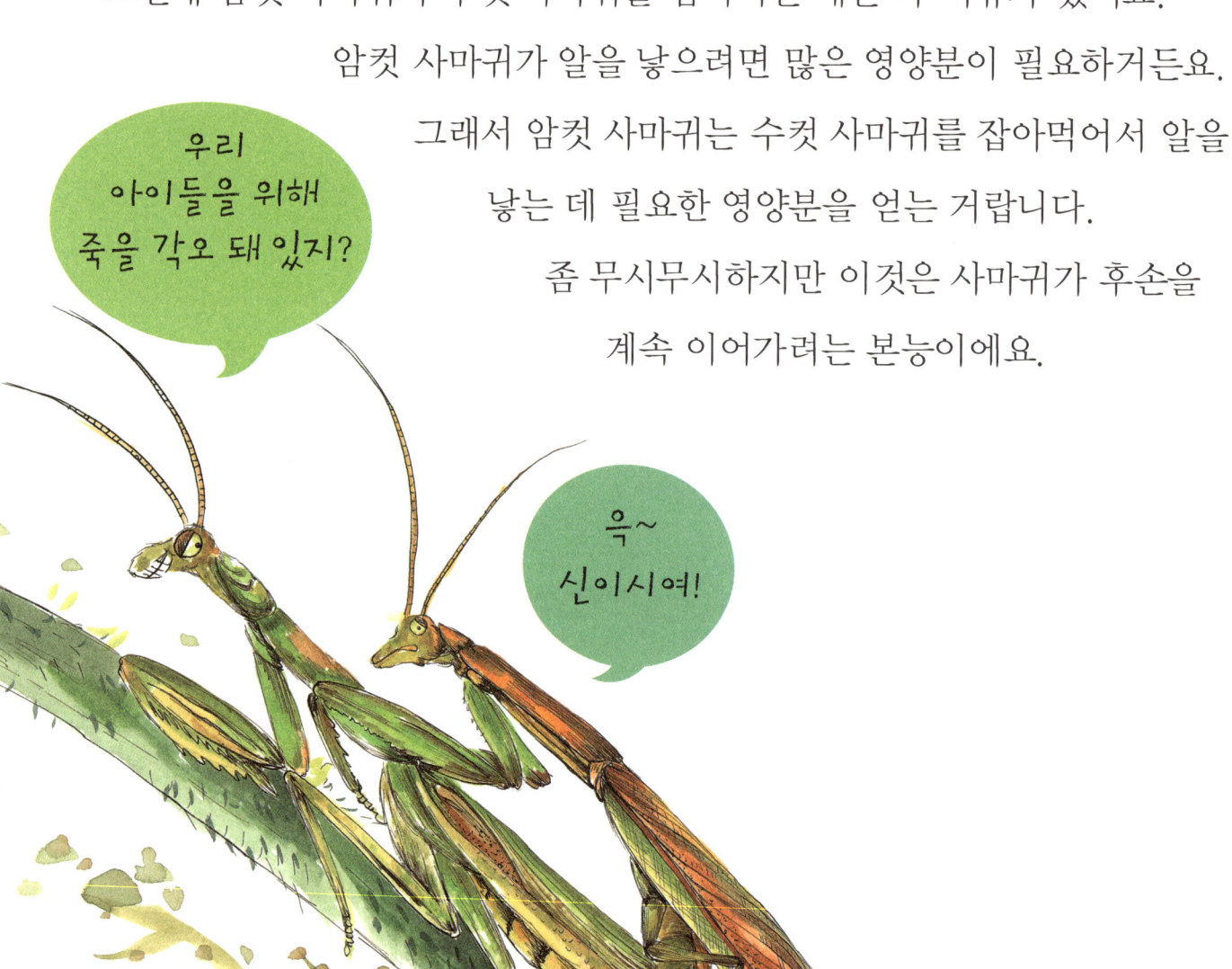

곤충도 방귀를 뀌나요?

방귀를 뀌는 곤충이 있어요.
그 이름은 바로 폭탄먼지벌레! 방귀벌레라고도 해요.
호수나 개천과 같은 습기가 많은 땅에서 살아요. 낮에는 돌이나 낙엽 밑,
또는 흙 속에 숨었다가 밤에 나와서 벌레를 잡아먹지요.
위험을 느끼면 항문 주위의 분비샘에서 "뿡뿡!" 큰 소리로
독가스를 뿜어내며 도망간답니다.
독가스가 얼마나 강한지 사람 피부에 닿으면
살이 부어오르고 몹시 아파요. 하지만 여러 해충을
잡아먹는 이로운 곤충이랍니다.

에잇~ 이거나 먹어라!

으윽!

메뚜기와 귀뚜라미는 어떻게 달라요?

메뚜기는 풀잎을 먹고 살아요. 식성이 좋아서 자신의 몸무게의 2배나 되는 먹이를 먹을 수 있어요. 그래서 메뚜기 떼가 농작물을 휩쓸고 가면 피해가 큰 해충이에요. 메뚜기는 낮에 활동을 해요. 풀에서 사는 메뚜기는 몸빛이 초록색이고, 땅 위에 사는 메뚜기는 갈색이에요.

귀뚜라미는 메뚜기와 비슷하게 생겼어요. 하지만 몸빛이 진한 흑갈색을 띠어요. 사람들이 사는 집 주위 풀밭이나 돌 틈에서 살아요. 먹이는 풀잎도 먹지만 곤충도 먹어요. 그리고 주로 밤에 활동을 해요.

쇠똥구리는 왜 쇠똥을 굴려요?

"영차, 영차! 굴려라, 굴려!"

"얘들아, 피해! 쇠똥구리가 냄새나는 쇠똥을 굴리고 있어!"

쇠똥구리는 여름이면 쇠똥이나 말똥을 굴려 둥근 덩어리를 만들어 굴에 저장해요. 그러고는 쇠똥 덩어리 속에 알을 낳는답니다. 쇠똥에는 알이 자라는 데 필요한 영양분이 많거든요.

쇠똥구리의 알들은 쇠똥 속에서 쇠똥의 영양분을 먹으며 건강한 애벌레로 자란답니다.

세상에서 가장 빠르게 나는 곤충은 무엇인가요?

세상에서 가장 빠르게 나는 곤충은 등에예요.
등에는 몸빛이 누런 갈색이고 온몸에 털이 많아요.
한 쌍의 날개가 있고, 주둥이가 바늘 모양으로 뾰족하며
겹눈이 무척 크답니다.
등에는 짝짓기를 할 때쯤이면 시속 145킬로미터의 속도로 날 수 있어요.
웬만한 야구 선수가 던진 공보다 더 빠르답니다.

나보다 빠른 곤충 있음 나와 봐!

퓨웅~

 장수풍뎅이와 사슴벌레가 싸우면 누가 이겨요?

긴 뿔을 가지고 있는 수컷 장수풍뎅이와 집게처럼 생긴 큰 턱을 가진 수컷 사슴벌레가 싸우면 누가 이길까요?

승리자는 장수풍뎅이예요. 장수풍뎅이는 사슴벌레가 덤비면 긴 뿔을 사슴벌레의 큰 턱에 걸어 사슴벌레를 번쩍 들어올려 던져 버린답니다. 장수풍뎅이의 뿔은 적을 공격하는 훌륭한 무기이지요.

세상에서 가장 큰 곤충은 뭐예요?

세상에서 가장 큰 곤충은 열대 지방에 사는 대벌레예요.
몸집이 크기보다는 몸 길이가 길다고 할 수 있지요.
제일 큰 것은 몸 길이가 무려 55.5센티미터나 된답니다.
대벌레는 숲 속의 풀이나 나무에서 살아요.
처음에는 날개가 있었지만 지금은 없어요.
대신 다리가 걷기 편하도록 발달했답니다.
적의 공격을 받으면 다리를 떼어 내고 도망을 가거나 죽은 체해요.
다리는 떼어 내도 다시 나므로 걱정할 필요가 없답니다.

조금 더 알기!

대벌레처럼 처음에는 날개가 있었지만 지금은 없어진 것을 '퇴화'라고 해요. 퇴화는 어떤 생물이 가진 신체의 일부가 쓰지 않게 되거나 아예 없어지는 것을 말해요.

가장 멋진 집을 짓는 곤충은 뭐예요?

곤충 가운데 가장 멋진 집을 짓는 곤충은 흰개미예요.
흰개미 무리는 숲 속에 2층 건물 높이만큼이나 되는 집을 짓거든요.
이처럼 높은 집에 살고 있는 주인공은 흰개미의 여왕개미예요.
흰개미는 나무의 속을 파먹는 해충으로, 여왕개미, 일개미, 병정개미로 계급이 나뉘어 생활을 한답니다.

히히~ 나는 천재 건축가!

우와~ 높다.

벌에 쏘이면 죽을 수도 있나요?

벌 한 마리가 쏘면 "따끔!" 하고 아프지만 수십 수백 마리가 한꺼번에 덤벼들어 쏘면 목숨을 잃을 수도 있어요. 미국에서는 한 해에 50명 정도가 벌에 쏘여 죽는다고 하니 그 독이 얼마나 강한지 짐작이 가지요? 특히 벌독 알레르기가 있는 사람은 한두 마리가 쏘았다고 해도 정신을 잃고 쓰러질 수 있답니다. 참, 벌 가운데 꿀벌은 다른 벌들과 달리 건드리지 않으면 사람을 공격하지 않아요.

조금 더 알기!

벌의 독침은 산란관이 변해서 생긴 거예요. 그래서 침을 쏘는 벌은 모두 암벌이에요. 여왕벌은 다른 무리의 여왕벌과 싸울 때만 침을 쏘아요.

여왕벌과 여왕개미는 어떻게 무리를 다스려요?

벌과 개미는 모두 무리를 이루어 살아요. 무리는 계급이 나뉘어 있어요.
벌과 개미를 다스리는 것은 여왕벌과 여왕개미예요..
여왕벌과 여왕개미는 평생 알만 낳아요. 식량을 구해 오고,
집을 지키는 것은 암벌과 암개미가 해요.
수벌과 수개미는 아무 일도 하지 않고 오직 여왕벌,
여왕개미와 짝짓기만 한 뒤 쫓겨나요.
여왕벌과 여왕개미가 무리를 다스릴 수 있는 것은 독특한 페로몬
때문이에요. 페로몬을 내뿜어 수컷을 불러 짝짓기를 하고,
페로몬으로 암벌과 암개미의 생식 기관이 자라는 것을 막아
알을 낳지 못하게 해요. 그래서 암벌과 암개미는 오직 일만 한답니다.

알을 아기 방에 갖다 놓도록!

예~ 여왕님!

조금 더 알기!

애벌레들 가운데 로얄제리를 먹고 자란 벌은 여왕벌이 되고 꿀을 먹고 자란 벌은 일벌이 된답니다. 이때 여러 마리에게 로얄제리를 먹이는데 싸워서 이긴 한 마리가 여왕벌이 돼요. 여왕개미는 암컷 개미 가운데 가장 큰 개미랍니다.

곤충은 얼마 동안 살 수 있나요?

곤충이 사는 기간은 알에서 어른벌레까지예요. 알이 애벌레를 거쳐 번데기가 되거나 그대로 어른벌레가 되면 다시 알을 낳고 죽지요. 이 기간이 보통 1년 걸려요.

하지만 매미는 달라요. 암컷 매미가 알을 낳으면 알에서 애벌레인 굼벵이가 깨어나고, 굼벵이는 땅속에서 무려 10년을 산답니다. 굼벵이는 10년이 지나면 땅 위로 올라와 굼벵이 허물을 벗고 매미가 되지요. 그런데 매미로 사는 기간은 고작 열흘 남짓이랍니다. 또한 하루살이는 어른하루살이가 되어 하루나 삼일 정도 살지만 애벌레는 2년이나 산답니다.

 배추벌레가 변신을 한다고요?

배추벌레는 배춧잎에 붙어서 배춧잎을 갉아먹는 해충이에요.
몸은 연두색이나 초록색을 띠며 몸에 잔털이 빽빽이 나 있지요.
배춧잎과 몸 색깔이 비슷해서 눈에 잘 띄지 않는답니다.
배추벌레는 열심히 배춧잎을 먹어 몸에 영양분을 가득 저장해요.
그러고는 입에서 실을 뿜어 내 몸을 칭칭 감아 고치를 만들지요.
배추벌레는 고치 속에서 번데기가 돼요. 얼마 뒤 번데기를 찢고
하얀 날개에 까만 점이 박힌 예쁜 배추흰나비가 나온답니다.

하루살이는 정말 하루만 사나요?

하루살이는 하천이나 호수 등 물가에서 살아요. 알에서 깨어나 애벌레와 번데기를 거쳐 어른하루살이가 되는 데 1~3년 정도 걸려요. 그런데 어른하루살이가 되어서는 고작 몇 시간 또는 1~3일 정도를 살다 죽어요. 어른하루살이가 되어 짧은 시간 동안 살다 죽기 때문에 '하루살이' 라는 이름으로 부르게 되었지요.

하루살이는 살아 있는 동안 얼른 짝짓기를 하여 종족을 이어야 해요. 그래서 하루살이는 입이 없어요. 먹이를 구할 시간도 아껴 1~3일 안에 짝짓기를 하고 알을 낳아야 하니까요. 알을 낳은 하루살이는 목숨이 다해 죽는답니다.

조금 더 알기!

하루살이보다 더 짧게 사는 곤충도 있어요. 바로 진딧물이에요. 진딧물은 4~6일 정도 산답니다. 반대로 가장 오래 사는 곤충은 딱정벌레예요. 51년 만에 애벌레에서 어른딱정벌레가 된 경우가 있답니다.

노예를 부리는 개미도 있나요?

곤충이 노예를 부리다니 생각만 해도 재미있지요? 그 주인공은 바로 사무라이개미예요. 사무라이개미는 어찌나 얌체인지 곰개미의 번데기들을 제 마음대로 데려다 노예로 부린답니다. 번데기를 찢고 곰개미가 태어나면 여왕사무라이개미는 독특한 물질을 내뿜어 새끼 곰개미들을 세뇌시켜요. 그러면 곰개미들은 평생 사무라이개미를 떠나지 않고 그들을 먹여 살린답니다. 사무라이개미들은 곰개미의 수가 줄어들면 또다시 곰개미 번데기를 찾아 집을 나선답니다.

말벌 침과 꿀벌 침은 어떻게 달라요?

꿀벌은 침을 한 번 쏘고 나면 죽어 버려요. 꿀벌의 침은 끝이 바늘처럼 뾰족한데 겉에 갈고리가 있어서 침을 쏘면 이 갈고리 때문에 침이 박혀 빠지지 않아요. 그래서 꿀벌이 침을 쏜 뒤에 날아가려 힘껏 날아오르면 침과 연결된 내장이 함께 빠져버린답니다. 내장이 빠져버리니 꿀벌은 목숨을 잃을 수밖에요.

하지만 말벌의 침은 매끈하게 뾰족해서 침을 쏜 뒤에 날아오르면 쏙 빠진답니다. 그래서 침을 쏘고 나서도 죽지 않지요.

말벌은 꿀벌과 달리 여러 번 침을 쏠 수 있답니다.

난, 여러 번 침을 쏠 수 있어.

에고······.
난 한 번밖에 쏠 수 없어.

 이는 왜 빠지는 걸까요?

우리 어린이들은 누구나 아기 때 나온 이를 빼고 새로운 이를 갖게 돼요. 아기 때 나온 이를 '젖니'라고 하는데, 젖니는 유치원에 들어갔을 때부터 초등학교 4학년 때쯤까지 하나씩 빠지고 새로 난답니다. 젖니가 빠지고 새로 나는 이를 '간니(영구치)'라고 해요.

그런데 젖니가 빠지는 이유는 무엇일까요?

아기의 얼굴과 어른의 얼굴 크기를 비교해 보세요. 아기 얼굴이 작지요? 얼굴이 작기 때문에 아기일 때는 이도 작답니다. 그런데 어른의 얼굴은 크지요? 이를 갈지 않고 얼굴만 커질 수 없기 때문에 이도 어른의 이로 바뀌는 것이랍니다. 이는 한번 나면 더 자라지 않기 때문에 모두 빠지고 새로 나는 거예요. 어른의 이인 간니로 바뀌면 다시는 이가 새로 나지 않아요. 그러므로 충치가 생겨 썩으면 새 이를 가질 수 없답니다.

간니는 여섯 살 무렵부터 나기 시작하여 다 나는 데 약 6년이 걸려요. 간니는 모두 32개랍니다.

충치는 왜 생길까요?

전 세계 사람이 가장 많이 앓고 있는 병은 충치예요. 충치는 음식물 찌꺼기가 이에 남아 있어서 생기는 질환이랍니다.

정확히 말해서 당분을 좋아하는 세균이 이에 붙은 당분을 분해시킬 때 산이 나오는데, 이 산이 이를 녹게 해서 생기는 것이랍니다.

한마디로 세균이 직접 치아를 갉아먹는 게 아니라 세균이 당분을 먹을 때 나오는 산이 이를 썩게 만드는 것이지요.

이가 썩었을 때 치료를 하지 않으면 구멍은 더욱 깊어져 잇몸 깊숙이까지 파고 들어가요. 그렇게 되면 잇몸도 상하게 되고 무척 아프답니다.

이는 한 번 빠지면 다시 나지 않으므로, 상하지 않도록 조심해야 해요.

조금 더 알기!

충치는 많은 사람들이 앓고 있는 질환 가운데 하나예요. 하지만 충치는 다른 질환과 달리 예방이 쉬운 질환이기도 하답니다. 밥을 먹고 난 뒤와 잠자기 전 이만 잘 닦아 주면 충치를 예방할 수 있거든요.

소변을 참고 있어도 될까요?

날씨가 추워지면 소변이 자주 마려워요. 이렇게 자주 소변이 마려우면 소변 누는 일이 귀찮아서 참는 어린이도 있을 거예요. 하지만 소변을 참는 것은 건강에 좋지 않아요.

소변은 핏속에서 우리 몸에 필요한 영양분과 산소 등을 걸러내고 남은 찌꺼기가, 방광이라는 오줌통에 모인 거예요.

소변은 요도라는 통로로 몸 밖으로 나오는데, 이 요도는 소변을 내보낼 때 외에는 꼭 닫혀 있답니다. 방광에 소변이 꽉 차면, 방광이 늘어나 아랫배가 아프게 돼요. 이렇게 아랫배가 아플 때까지 소변을 참아서는 안 된답니다. 계속 소변을 참고 있으면 기절을 할 수도 있거든요.

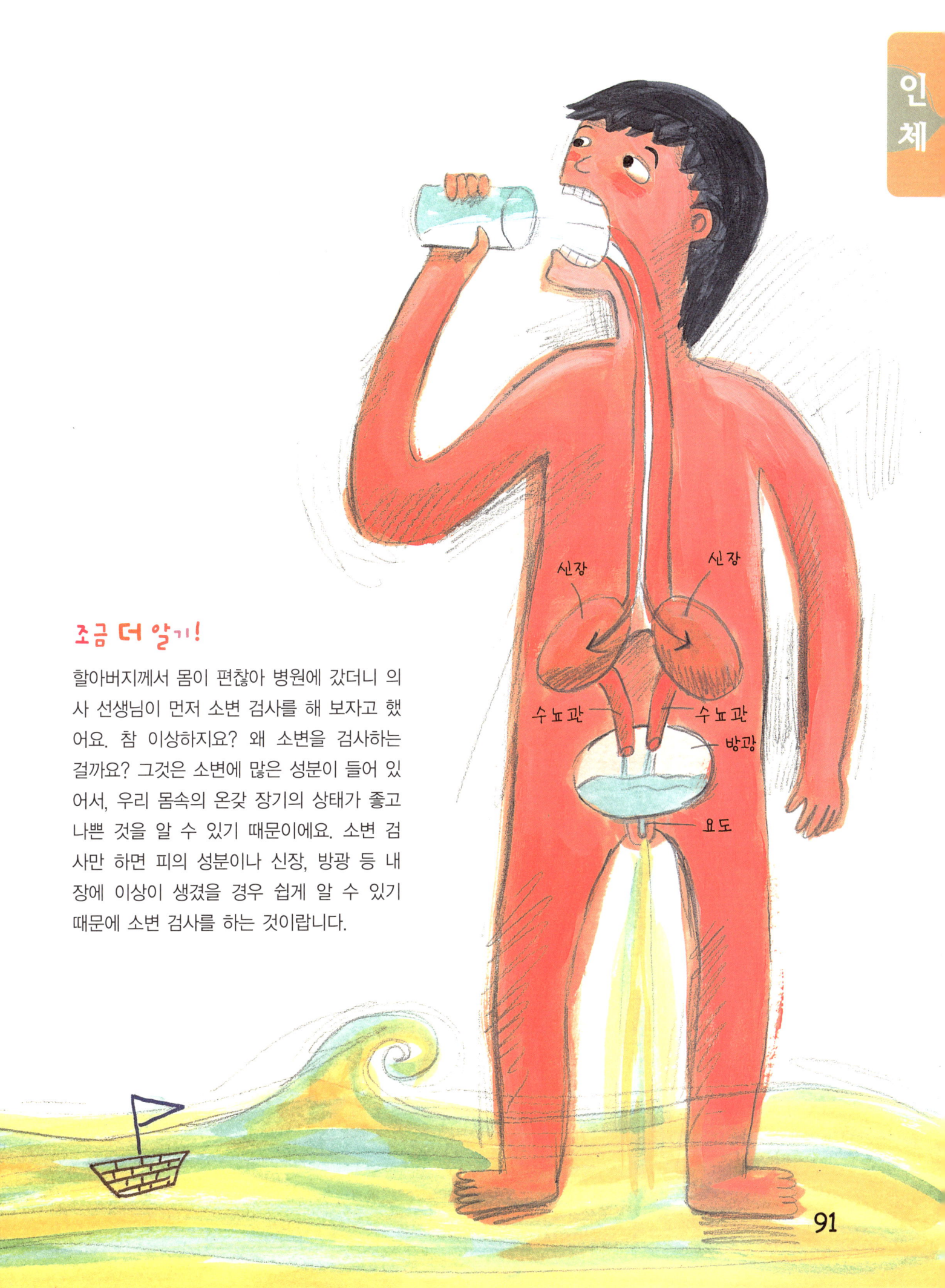

조금 더 알기!

할아버지께서 몸이 편찮아 병원에 갔더니 의사 선생님이 먼저 소변 검사를 해 보자고 했어요. 참 이상하지요? 왜 소변을 검사하는 걸까요? 그것은 소변에 많은 성분이 들어 있어서, 우리 몸속의 온갖 장기의 상태가 좋고 나쁜 것을 알 수 있기 때문이에요. 소변 검사만 하면 피의 성분이나 신장, 방광 등 내장에 이상이 생겼을 경우 쉽게 알 수 있기 때문에 소변 검사를 하는 것이랍니다.

 # 감기는 왜 걸릴까요?

감기는 누구나 쉽게 걸리는 흔한 질병이에요.
감기를 일으키는 나쁜 균은 2백 가지가 넘는데,
공기 중에 작은 물방울을 통해 떠다녀요. 그러다가 감기에 걸린 사람이
숨을 쉴 때 감기에 걸리지 않은 사람이 함께 숨을 쉬면 그 사람에게 감기를
옮긴답니다.
감기 균은 처음에는 목구멍에 자리잡고 있다가 갑자기 춥거나, 덥거나,
또는 피곤할 때 우리 몸을 공격해요. 감기에 걸리면 처음에는 콧속이
마르고 목이 간지러워요. 그 다음에는 콧물이 나기 시작해요.
더 심해지면 열과 기침이 나요.

외출했다 돌아왔을 때 손을 씻으면
감기를 예방할 수 있어요.

손을 씻지 않으면
감기에 걸릴 수 있어요.

조금 더 알기!

감기 균은 공기 중에만 있는 것이 아니고 여러 가지 물건에도 붙어 있어요. 물건을 만지면 손에 균이 묻게 되고, 그 손으로 눈이나 코 등을 비비면 감염되어 감기에 걸리게 되지요. 그러므로 감기가 유행할 때는 밖에 나갔다 돌아와서는 반드시 손을 씻어야 감기를 예방할 수 있어요.

코피는 왜 나나요?

코피는 콧속에 있는 가는 핏줄이 터져서 나는 거예요.
콧속에는 아주 가는 실핏줄이 퍼져 있는데, 이 실핏줄은 무척 예민해서
코를 세게 풀거나, 몹시 피곤하거나, 감기로 코를 자주 풀면
쉽게 터진답니다. 특히 날이 더운 여름에는 실핏줄이 부어올라
작은 충격에도 쉽게 터져 버리지요.
아, 참. 코딱지를 파다 콧속을 세게 건드려도 실핏줄이 터져
코피가 날 수 있으니 조심하세요.

모기에 물리면 왜 빨갛게 붓고 가려울까요?

무더운 여름날 밤, 별안간 톡 쏘고 달아나는 얄미운 모기!
이렇게 사람을 무는 모기는 암놈이에요.
모기의 입은 일곱 개의 긴 관과 바늘로 되어 있는데, 암놈 모기는 그 관으로 피를 빨아 먹지요. 그런데 피를 빨아 먹는 동안 피가 엉겨 붙지 않도록 하기 위해서 관 아래에 있는 침을 내뿜는답니다. 이 침이 피부를 빨갛게 부어오르게 하고 아주 가렵게 해요.

조금 더 알기!

모기는 언제부터 존재했을까요? 놀라지 마세요. 모기는 2억 년 전에 벌써 공룡의 피를 빨아 먹고 살았다고 해요. 굉장하지요? 모기는 냄새를 잘 맡아요. 특히 땀 냄새, 발 냄새, 향수, 로션 등의 냄새가 나면 날쌔게 날아온답니다. 그러니 여름에는 깨끗이 씻어야겠지요?

〈체액을 빨아 먹는 바늘 모양의 관〉

눈물은 왜 날까요? 콧물은 왜 날까요?

공기 중에는 눈에 잘 보이지 않는 작은 먼지가 많아요.
이 먼지가 자꾸 눈에 들어가기 때문에 눈은 먼지를 씻어 버리기 위해 쉬지 않고 눈물을 흘려 청소를 한답니다. 즉 눈꺼풀을 깜박일 때마다 눈물이 눈에 들어온 먼지를 씻어 주는 것이지요.
또 눈물은 콧속으로도 흐르기 때문에 콧물이 나는 것이랍니다.

조금 더 알기! 눈물은 남자보다 여자가, 노인보다 젊은 사람이 더 많이 나와요. 그런데 태어난 지 3개월이 안 된 갓난 아기들은 울어도 눈물이 나오지 않는답니다.

배꼽은 왜 있을까요?

배꼽은 탯줄이 있던 자국이에요.
아기는 엄마 뱃속에 있을 때 탯줄을 통해 엄마의 몸에서 영양분과 공기를 받아 자란답니다. 아기가 태어나면 이 탯줄을 자르는데 그 잘린 자국이 바로 배꼽이 되는 거예요.

조금 더 알기!

갓난아기의 배꼽은 쉽게 병균에 감염될 수 있어요. 그리고 감염이 되면, 치명적인 상태가 될 수 있기 때문에 엄마들은 주의를 해야 한답니다. 배꼽은 보통 태어나서 1~2주가 지나면 떨어지는데, 이때까지는 배꼽에 물이 닿지 않도록 주의하여 목욕시켜야 해요. 목욕을 한 뒤에는 소독용 알코올로 배꼽과 배꼽 주위를 잘 닦아 주고, 마른 뒤 옷을 입혀야 한답니다.

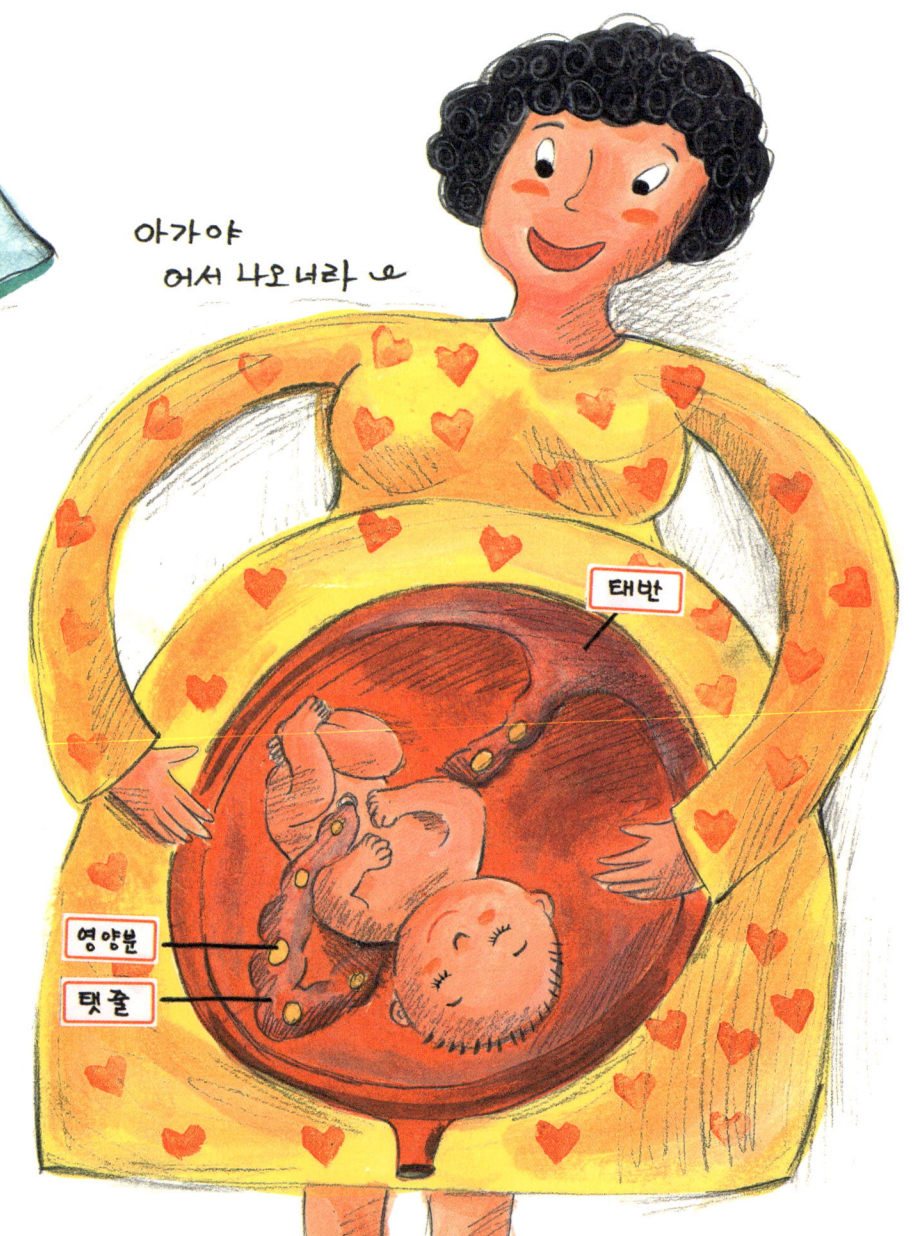

겨울에는 왜 입김이 나올까요?

우리 몸은 따뜻해요.
언제나 36.5도이지요.
그래서 코와 입으로 내쉬는 숨도 따뜻하답니다.
우리가 내쉬는 숨에는 눈에는 보이지 않지만
아주 작은 물방울이 들어 있어요.
물방울은 몸에서 나왔을 때 주위 온도가
높으면 공기 속에 녹아 보이지 않아요.
하지만 찬 공기를 만나면 따뜻한 공기 속에 든
작은 물방울이 순간 얼게 된답니다.
겨울날, 입과 코에서 나오는 하얀 입김은 몸속에서 나온 따뜻한
숨 속에 든 물방울이 찬 공기를 만나 얼어서 생기는 거랍니다.

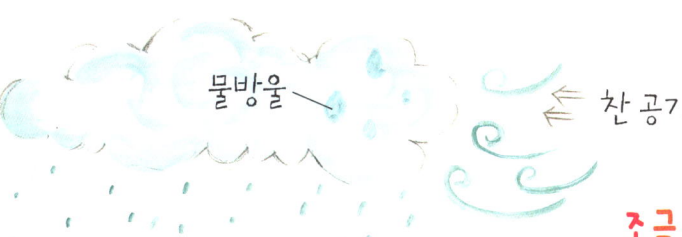

조금 더 알기!

공기 중에는 수많은 물방울이 떠다니고 있어요.
이 물방울들은 찬 공기를 만나면 더 큰 물방울이
되는데, 바로 구름이나 안개, 비 등이랍니다.

감기에 걸리면 왜 콧물이 날까요?

코 안쪽 벽은 늘 끈끈한 물로 덮여 있어요.
그런데 감기에 걸리면 감기 바이러스 때문에
코 안쪽 벽이 염증을 일으켜 빨갛게 부어올라요.
그러면 코 안쪽 벽면은 감기 바이러스를 죽이려고
평소보다 더 많은 양의 끈끈한 물을 내보낸답니다.
왜냐하면 끈끈한 물 속에는
감기 바이러스를 죽이는 성분이 들어 있거든요.
이 끈끈한 물이 많아져 밖으로 흘러나오는 것이 바로 콧물이에요.
감기에 걸렸을 때 처음에는 맑고 투명한 콧물이 나오지만, 감기가
나아질수록 누런 콧물이 나와요. 이것은 핏속에 있는 백혈구와
감기 바이러스가 치열하게 싸우다 죽었기 때문에 그렇답니다.
백혈구는 바이러스를 죽이는 일을 하거든요.

조금 더 알기!

뜨거운 국물을 먹을 때 콧물이 나오지요? 그것은 국물에서 나오는 김이 코 안쪽 벽을 간질여서 그래요. 코 안쪽 벽은 늘 끈끈한 물이 적시고 있지만 흐를 정도는 아니에요. 하지만 뜨거운 김이 이곳을 자극하면 많은 양의 끈끈한 물을 내보내 흐르게 된답니다. 바로 콧물이지요.

# 눈은 어떻게 볼 수 있나요?

눈은 가운데에 까맣고 동그란 동자가 있고, 그 동자로 빛이 많이
들어오거나 적게 들어오도록 조절하는 홍채가 있어요. 홍채 뒤에는
수정체가 있는데, 마치 볼록 렌즈처럼 생겼지요.
수정체는 사진기 렌즈처럼 물체와의 초점거리를 맞추는 일을 한답니다.
물체를 비춘 빛이 눈동자를 통해 들어와 수정체를 지나 망막이라는 곳에
닿으면, 그 물체의 모습이 망막에 맺히게 돼요.
그러면 망막과 연결되어 있는 시신경이 망막에 맺힌 모습을 뇌에
전달해 주어 그것이 무엇인지 알 수 있게 한답니다.
이러한 과정들은 아주 순식간에 이루어져요.

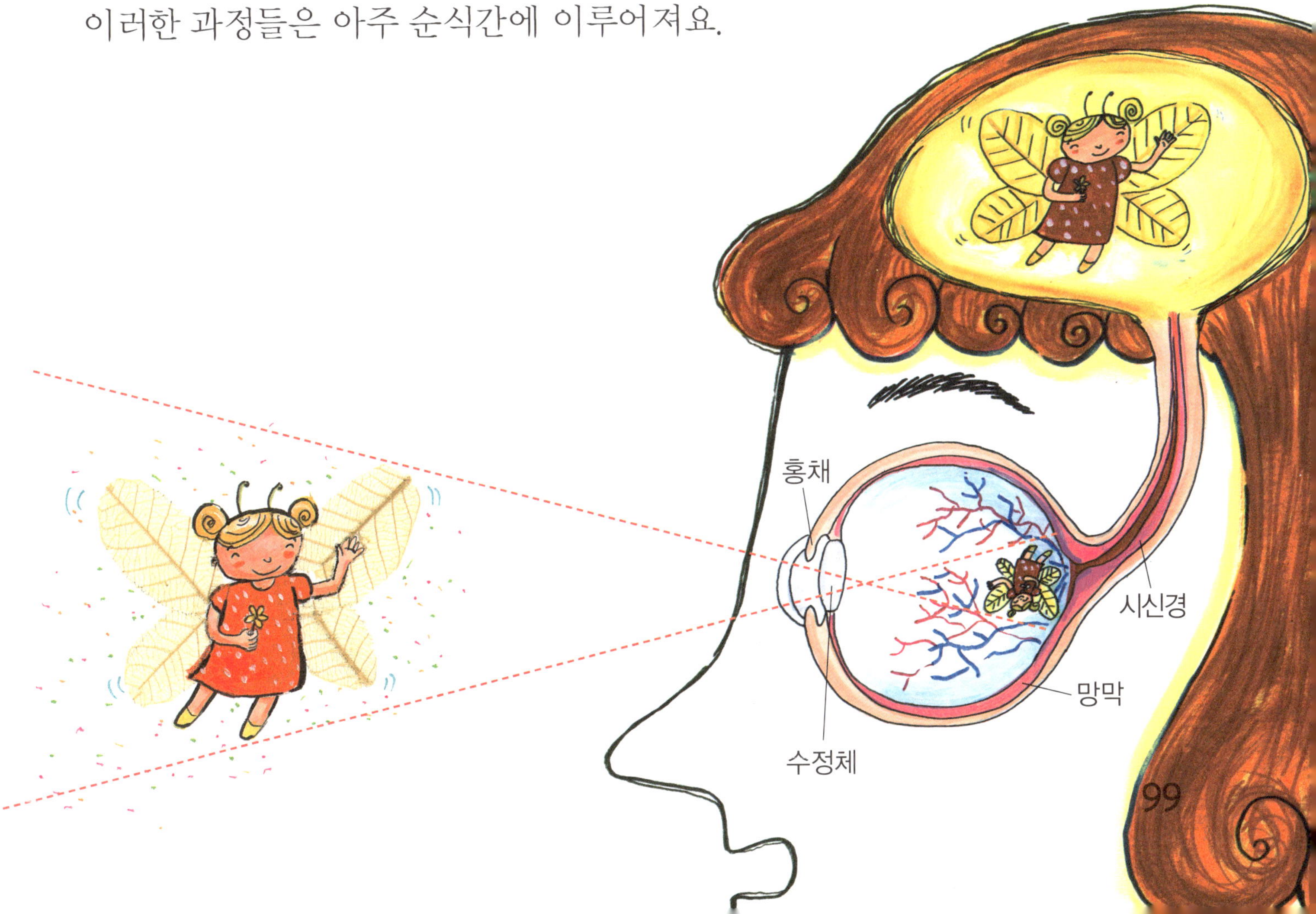

눈물은 왜 짠가요?

"으아앙! 너, 정말 이럴래?"
친구와 다투다 화가 나 울음을
터뜨린 적 있지요?
줄줄 흘러내린 눈물이 입으로 들어가기도 했을 거고요.
그때 눈물 맛이 어땠나요? 짭짜름했지요?
눈물이 짠 것은 눈물 속에 약간의 소금기가 들어 있기 때문에 그렇답니다.
그런데 눈물은 왜 흘리느냐에 따라 맛이 조금씩 달라요.
눈에 먼지가 들어가서 눈물이 날 때는 짜지 않고 맹물 같은 맛이지만,
슬프거나 기뻐서 눈물을 흘릴 때는 조금 짜답니다.
화가 나서 울 때는 슬프거나 기뻐서 울 때보다 훨씬 더 짜고요.
화가 나면 물보다 소금기가 더 많이 들어 있는
눈물이 나와서 그렇답니다.

조금 더 알기!

갓 태어난 아기가 우는 모습을 보았나요? 울음소리는 엄청 큰데 눈물은 나오지 않지요? 태어난 지 3개월이 안 된 아기는, 아직 신경이 발달되지 않아서 눈물샘이 자극을 받지 못한답니다. 그래서 울어도 눈물이 나지 않아요.

운동을 하고 나면 왜 목이 말라요?

음식을 짜게 먹은 적 있나요?

그런 날은 어때요? 자꾸만 물이 먹고 싶었지요?

우리 몸속에는 아주 조금 소금기가 들어 있어요.

그런데 짠 음식을 먹으면 몸속에 소금기가 더 많아져요.

그러면 뇌가 얼른 물을 마셔서 몸속 소금기를 줄이라고 신호를 보낸답니다.

신호를 어떻게 보내느냐고요? 바로 목이 마른 것이지요.

운동을 하면 우리 몸속에 있던 물이 땀으로 빠져 나와요.

그러면 몸속에는 물보다 소금기가 더 많아지지요.

그러면 뇌는 얼른 물이 부족하다는 신호를 보내요.

운동을 하고 나면 목이 마른 것은 바로 이 때문이랍니다.

눈꺼풀은 왜 깜빡거릴까요?

누가 더 오래 눈꺼풀을 깜빡하지 않나 눈싸움 시작!
그런데 눈을 깜빡하지 않고 버티기란 쉽지 않지요?
눈꺼풀을 깜빡이는 것은 눈을 보호하기 위해서예요.
눈을 깜빡이면 눈물이 눈 전체에 고루 퍼져 눈에 있는 먼지나 세균을 씻어내 주거든요. 그리고 눈을 촉촉하게 해서 눈이 건조하지 않도록 해 준답니다.
보통 하루에 만 번 넘게 눈을 깜빡이는데, 마음이 불안하거나 피곤하면 더 깜빡여요. 하지만 텔레비전을 보거나 책을 읽을 때처럼 집중해서 무언가를 볼 때는 덜 깜빡거린답니다.

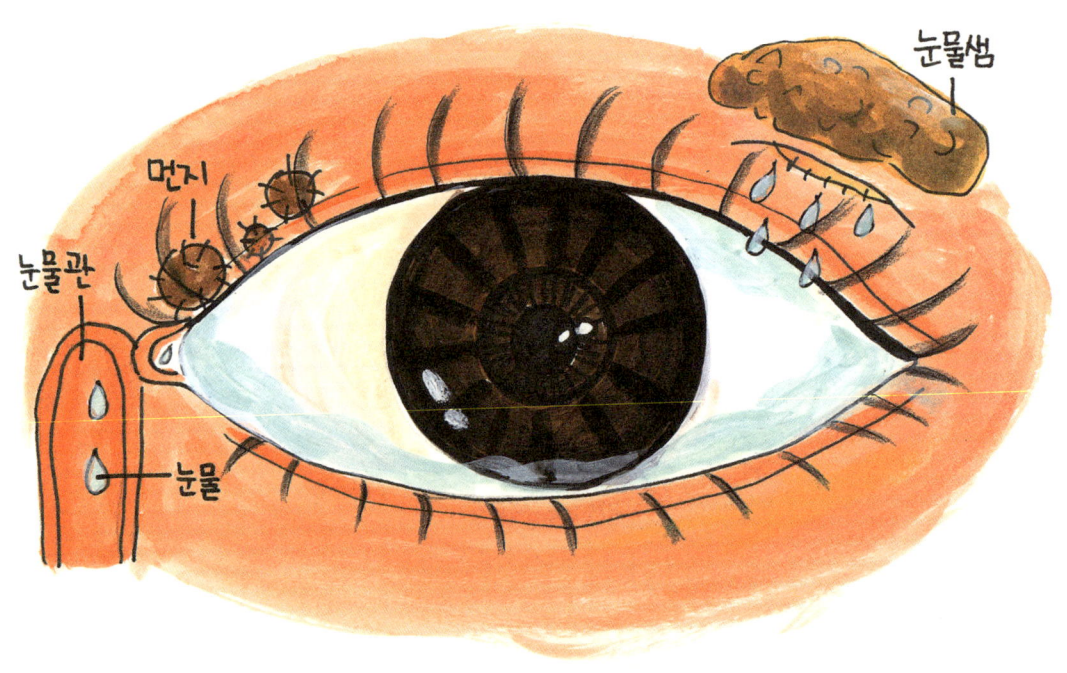

귀는 어떻게 소리를 들을 수 있나요?

"아~!"라고 소리를 지르면 공기가 빠르게 떨려요.
이것을 진동이라고 하는데, 진동은 공기를 타고 우리 귓구멍으로 들어와요.
귓구멍 안쪽 끝에는 북 가죽처럼 생긴 얇은 막이 있는데,
이것을 고막이라고 해요. 고막에 소리가 닿으면 고막이 바르르 떨려요.
그러면 귓속에 있는 뼈가 고막의 떨림을 더 크게 키워서 림프액이라는
액체가 가득 차 있는 달팽이관에 전해 주어 림프액이 흔들리게 해요.
림프액이 흔들리면 신경이 뇌에 신호를 보내
소리가 들어왔음을 알려 주어요.
그러면 뇌는 그 소리가
무슨 소리인지 알아낸답니다.

조금 더 알기!

손짓으로 말을 하는 청각장애인들을 보았지요? 청각장애인들은 왜 말을 못 할까요? 이유는 다른 사람의 말을 듣지 못하기 때문이에요. 아기가 말을 배우는 것은 가족을 비롯해 다른 사람들이 하는 말을 듣고 따라 하는 거예요. 그런데 태어날 때부터거나, 젖먹이 아기일 때 고막에 이상이 생겨 듣지 못하게 되면 말을 배울 수 없어 말을 하지 못하게 된답니다.

똥은 왜 마려울까요?

아침밥을 먹고 나거나 저녁에 밥을 푸짐히 먹고 나면 똥이 마렵지요?
그건 지금 먹은 밥이 소화되어서 나오는 게 아니에요.
우리가 음식을 먹으면 위가 음식을 주물럭주물럭 죽을 만들어 작은창자로
보내고, 다시 큰창자로 보내 소화가 다 되기까지 꼬박 하루가 걸린답니다.
소화가 다 된 음식물은 찌꺼기만 남아 큰창자 끄트머리인 직장에
모여 있게 되는데, 이것이 바로 똥이에요.
음식을 먹으면 소화를 위해 창자들이 꿈틀꿈틀 움직이는데,
이 운동으로 똥이 모여 있는 직장이 건드려져 똥이 마려운 거랍니다.

조금 더 알기! 똥을 누고 나서 왜 손을 씻어야 하나요? 그것은 똥에 들어 있는 세균 때문이에요.
똥은 음식물 찌꺼기, 세균, 창자에서 떨어져 나온 세포 등으로 이루어져 있어요.
그래서 화장실에서 일을 보고 나올 때는 비누로 손을 깨끗이 씻어야 한답니다.

배는 왜 고파지나요?

배가 고프다는 건 우리 핏속에 포도당이라는
영양분이 떨어졌으니 빨리 음식을
먹으라는 신호예요.
이 신호는 누가 보낼까요? 바로 뇌예요.
뇌에는 배가 부르다고 신호를 보내는 부분과
배가 고프다고 신호를 보내는 부분이 있어요.
우리가 밥을 먹으면 핏속에 포도당이 많아져요.
그러면 뇌는 그만 먹으라고 신호를 보내요.
바로 배가 부르다고 신호를 보내는 것이지요.
반대로 아무것도 먹지 않으면 핏속에 포도당이 적어져요.
그러면 뇌는 배가 고프다는 신호를 보내서 음식을 먹게 한답니다.

배가 부르면 왜 졸음이 쏟아질까요?

점심을 배부르게 먹고 났더니 졸음이 쏟아진다고요? 그럴 수밖에요. 음식물을 소화시키려면 많은 피가 필요한데, 우리 몸에서 음식물을 소화시키는 곳은 한 군데가 아니거든요. 바로 위와 창자 두 군데이지요. 이곳으로 많은 피가 몰리다 보니까 뇌는 피가 부족해 피곤하고 졸리게 된답니다.

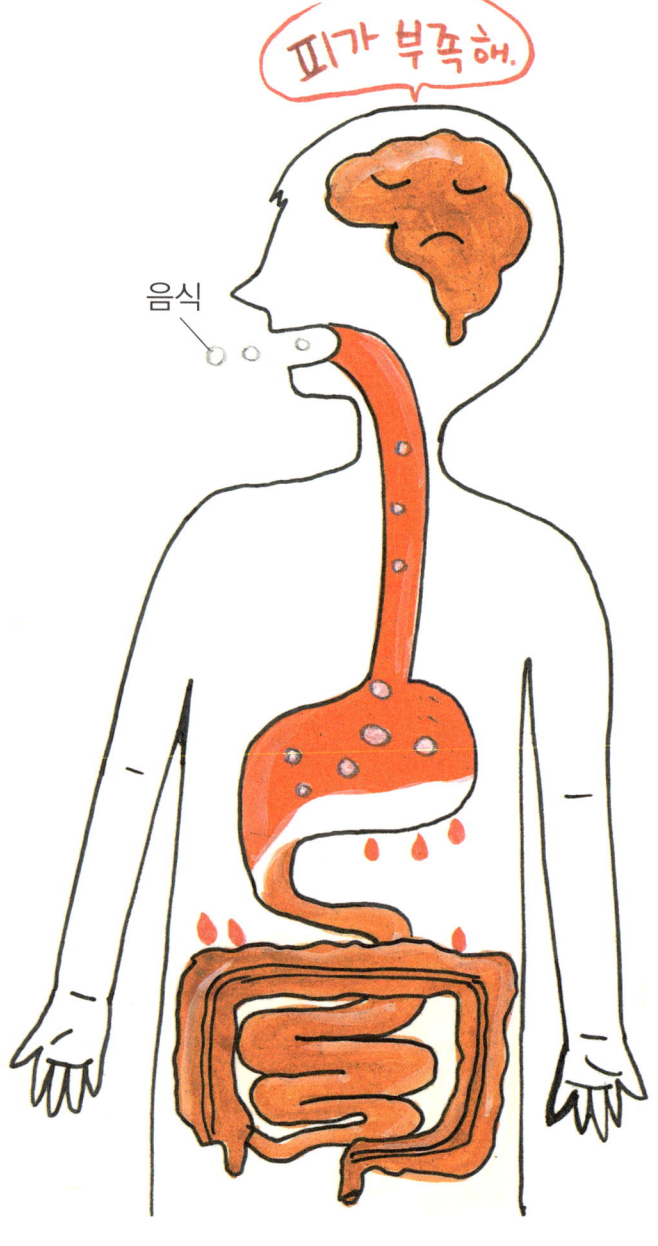

 트림은 왜 나오나요?

"꺼어억~"

트림은 위 속에 들어 있던 공기가 입 밖으로 나오는 소리예요.

우리가 음식을 먹을 때는 공기도 함께 위 속으로 들어가요.

또 음식물이 소화될 때도 공기가 생기고요.

특히 콜라, 사이다 같은 탄산 음료는 공기 방울이 많이 들어 있어서

이들 음료를 마시면 위에 금방 공기가 가득 찬답니다.

이렇게 차오른 공기는 위의 윗부분에 떠 있다가 식도를 따라

거꾸로 올라와 입으로 나와요. 바로 트림이지요.

키는 몇 살까지 클까요?

키가 자라는 것은 뼈가 자라기 때문이에요.
팔, 손가락, 발가락, 척추, 무릎……. 등과 같은 긴 뼈 끝에는 성장판이 있는데, 이 부분이 자라기 때문에 키가 크는 거랍니다.
성장판은 태어나면서부터 활발히 자라기 시작해서 서서히 자라는 속도가 느려지다가 남자는 25~28세, 여자는 23~24세 정도가 되면 완전히 멈춘답니다. 한마디로 키가 더 이상 자라지 않는 것이지요.

28세까지 키가 컸으면 좋겠다.

조금 더 알기!

키를 크게 하려면 일찍 자는 습관을 들이세요. 키를 크게 하는 호르몬은 밤 10시에서 새벽 2시 사이에 나오거든요. 음식은 골고루 먹되 칼슘이 든 우유, 멸치, 해조류 등을 많이 먹고, 줄넘기나 농구, 배구, 수영 등 성장판을 자극하는 운동을 꾸준히 하는 것이 좋아요.

 피부에 난 상처는 어떻게 금방 아무나요?

넘어져 다리가 살짝 긁히거나 친구와 장난을 하다
팔을 살짝 긁힌 적 있지요?
이렇게 생긴 상처는 며칠 지나면 감쪽같이 사라져요.
피부는 상처가 나면 원래 상태로 되돌아가려는 힘이 강해져요.
그래서 빠르게 새살이 돋고 상처가 아문답니다.

아~앙~

 뿌웅, 방귀는 왜 뀌나요?

"으악~ 냄새! 누구야? 누가 똥방귀를 뀐 거야?"
헤헤 어느 친구가 시원하게 가스를 내뿜었군요.
방귀는 큰창자에서 만들어져요.
우리는 음식을 먹으면서 공기도 함께 먹어요.
이 공기는 큰창자에 가서 쌓여 있지요. 먹은 음식물은 작은창자를 거쳐 큰창자에서 마무리 소화를 시키는데, 이때 가스가 생긴답니다.
방귀는 이렇게 우리가 삼킨 공기와 큰창자에서 생긴 가스가 섞여 만들어져요.
큰창자에 가득 차 있던 가스는 항문으로 자연스럽게 빠져나오는데, 나오면서 항문 근육을 건드리면 "뿌웅~" 소리가 난답니다.

조금 더 알기!

방귀에 가스가 섞여 있다고 했지요? 그렇다면 혹시 불도 붙을까요?
예, 불이 붙는답니다. 대신 한 사람의 방귀로는 안 되고요, 여러 사람의 방귀를 한곳에 모아야 해요. 불의 세기도 성냥불 정도로 아주 약하답니다.

방귀는 왜 냄새가 나나요?

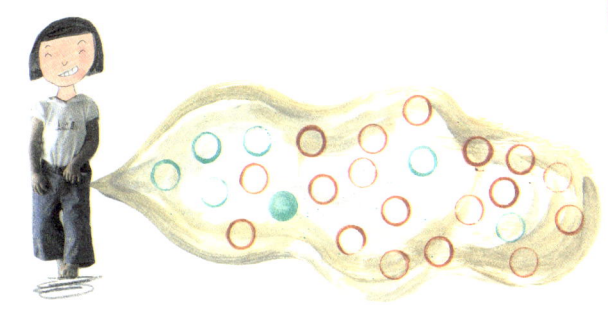

방귀가 냄새나는 것은 큰창자에서 생긴 가스에 메탄가스가 들어 있기 때문이에요. 메탄가스는 무척이나 지독한 냄새가 나는 가스예요.
방귀는 어떤 음식을 먹었느냐에 따라 냄새가 달라요. 고구마나 밤, 콩, 고기, 우유와 같은 음식을 먹으면 가스가 많이 생겨 냄새가 고약하고요, 쌀밥이나 과일, 채소와 같은 음식을 먹으면 냄새가 거의 나지 않아요.
그럼, 소리가 작은 방귀와 큰 방귀 중 어느 것이 더 냄새가 지독할까요? 그건 방귀에 가스가 많느냐, 공기가 많느냐에 따라 달라요. 공기가 많이 섞여 있으면 냄새가 덜 나고, 가스가 많이 섞여 있으면 냄새가 심하답니다. 냄새와 소리 크기는 아무 상관이 없어요.

피는 왜 색이 빨개요?

피가 빨간 것은 적혈구 속에
헤모글로빈이 있기 때문이에요.
헤모글로빈은 산소를 온몸에 나르는
일을 하는데, 헤모글로빈에 들어 있는
붉은 색소가 산소를 만나면
더욱 색이 진해져 짙은 붉은색이 된답니다.
참, 사자, 호랑이, 개 등의 동물은
피가 빨갛지만, 곤충이나 거미,
게는 적혈구가 없어서 피가 파랗답니다.

혈액형이 뭐예요?

혈액형은 피를 몇 가지 종류로 나눈 것을 말해요. 보통 A형, B형, O형, AB형으로 나누어요. 혈장에 다른 사람의 혈구를 섞어서 혈구가 엉겨서 덩어리가 되는 경우와 그렇지 않은 경우를 보고 나누는 방법이에요. 혈액형을 나눠 놓으면 수혈을 할 때 안전해요. 피를 주는 사람과 받는 사람의 피가 같아야 하거든요. 그렇지 않으면 피가 굳어져서 목숨을 잃게 된답니다. A형은 A형과 AB형에게만, B형은 B형과 AB형에게만, AB형은 AB형에게만 피를 줄 수 있어요. 하지만 O형은 모든 사람에게 피를 줄 수 있답니다.

조금 더 알기!

혈액형은 태어날 때 정해져 있어요. 하지만 골수 이식으로 바꿀 수도 있어요. 골수가 피를 못 만드는 사람은 다른 건강한 사람의 골수를 받아 이식해야 해요. 혈액형이 달라도 받은 골수가 피를 만들기 시작하면 골수를 준 사람의 혈액형으로 바뀐답니다.

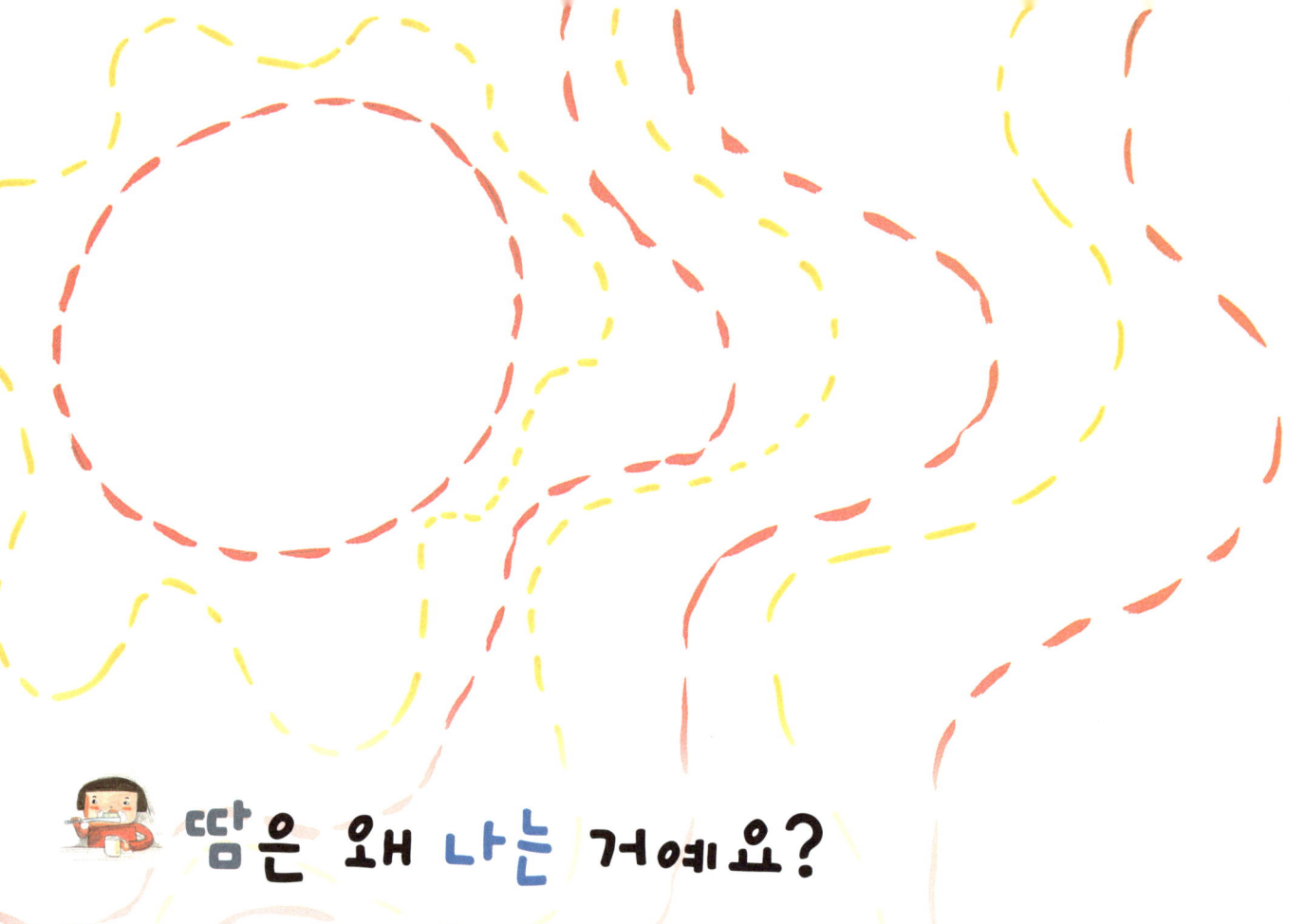

땀은 왜 나는 거예요?

우리 몸의 온도는 36.5도예요. 그런데 날이 덥거나 운동을 하면
몸의 온도가 올라가요. 그러면 우리 몸은 땀을 흘려 몸의 온도를 조절해요.
피부로 나온 땀이 마를 때 몸의 열을 빼앗아 몸의 온도가 내려가거든요.
땀은 피부 속 땀샘에서 만들어져 피부에 있는 땀구멍을 통해
밖으로 나온답니다.
땀은 물과 약간의 소금기로 이루어져 있어요.
그래서 짭짜름한 맛이 나지요. 땀을 너무 많이 흘리면 그만큼
물을 많이 마셔야 해요. 몸속의 물이 땀으로 빠져나오면
그만큼 몸속에는 물이 부족해지니까요.

뛰었더니 땀나네
목도 마르고.

잠은 왜 자야 하나요?

잠을 안 자면 안 될까요? 자는 시간이 너무 아까운데…….
안 돼요. 잠은 피곤에 지친 우리 몸을 다시 생기 있게 해 주는 보약이에요.
잠을 자는 동안 뇌는 살짝 깨어 있지만, 다른 곳들은 모두 편안히 휴식을
취해요. 낮처럼 활발히 움직이는 것이 아니라 천천히 느리게 움직이지요.
또, 잠을 자면서 하루 동안 먹은 음식물을 흡수하여 우리 몸에 필요한
영양분을 만든답니다.
갓난아기들을 보세요. 하루 종일 우유를 먹고 잠만 자지요?
아기들은 잠을 자면서 쑥쑥 자라는 거랍니다.
특히 초등학교 어린이들은
밤에 잠을 잘 때 키가 크므로,
일찍 잠자리에 들어야 해요.
잠이 부족하면 키가
잘 자라지 않는답니다.

멍은 왜 생길까요?

친구와 장난을 치다 쾅! 책상에 다리를 부딪친 적 있나요?
잠시 뒤 다리를 보았더니 파랗게 멍이 들었던 기억은요?
멍은 피부가 단단한 것에 부딪혔을 때 생겨요.
단단한 것에 부딪히면 피부는 찢어지지 않았더라도 피부밑은
실핏줄이 터져 상처가 난답니다. 그러면 피가 스며 나오게 되지요.
스며 나온 피는 근육에 고루 퍼지게 되는데 이것이 바로 멍이랍니다.
그런데 멍이 파랗게 보이는 것은 피가 파란색으로 변해서일까요?
아니에요. 검붉은 피가 피부색과 혼합이 되어서 파랗게 보이는
것뿐이랍니다.

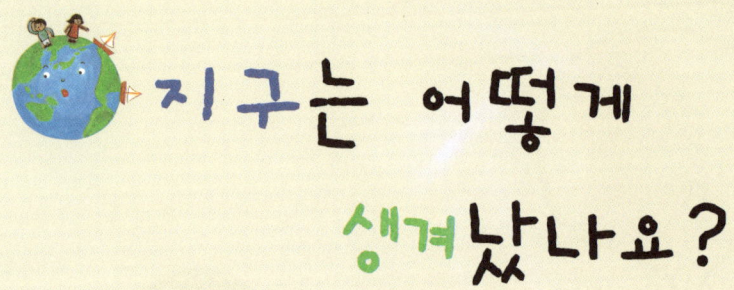

지구는 어떻게 생겨났나요?

지구가 어떻게 생겨났는지 아직 정확하게 알지 못해요. 그저 "이렇게 해서 생겨난 게 아닐까?" 하고 추측할 뿐이에요. 그 가운데 많은 과학자들이 생각하고 있는 것은 가스와 먼지가 굳어서 생겼을 거라는 거예요. 태양 근처에 있던 가스덩어리와 우주 먼지가 엉겨 붙어 차게 식은 뒤 점점 먼지가 붙어 지금과 같은 커다란 지구가 되었을 거라고 생각하는 것이지요. 아직까지는 다들 이 생각이 맞을 거라고 여기고 있어요.

지구는 몇 살인가요?

내 나이가 그렇게 많다고?

지구가 언제 생겨났는지 정확히 알지는 못해요. 그래서 지구의 나이를 어림짐작해 보는 수밖에 없답니다. 과학자들은 지구 나이가 약 46억 년쯤 되었을 거라고 생각해요.

왜 그렇게 생각하느냐고요? 과학자들은 우주에 여러 별이 생길 때 지구도 함께 생겼을 거라고 생각하고 있어요. 그래서 돌이 생겨났을 때 지구도 생겼을 거라고 생각한답니다. 달에서 가져온 돌과 깊은 바다 속에 있는 돌을 분석해 보았더니 모두 생긴 지 약 46억 년 되었어요.

그래서 지구의 나이도 약 46억 년 되었다고 생각한답니다.

 지구 속은 어떻게 생겼나요?

지구는 바깥 부분부터 지각, 맨틀, 외핵, 내핵의 순서로 이루어져 있어요.
지구의 가장 중심인 내핵은 엄청나게 뜨거운 고체 상태예요.
그 다음 층인 외핵은 죽과 같은 액체 상태예요.
내핵과 외핵을 이루고 있는 것은 철과 니켈이에요. 외핵 다음에는
맨틀이 둘러싸고 있는데 지구 부피의 거의 대부분을 이루고 있어요.
마지막으로 맨틀을 둘러싸고 있는 것은 지각이에요.
지각은 우리가 집을 짓고 밭을 일구고 도로를 내어 살고 있는 땅이에요.

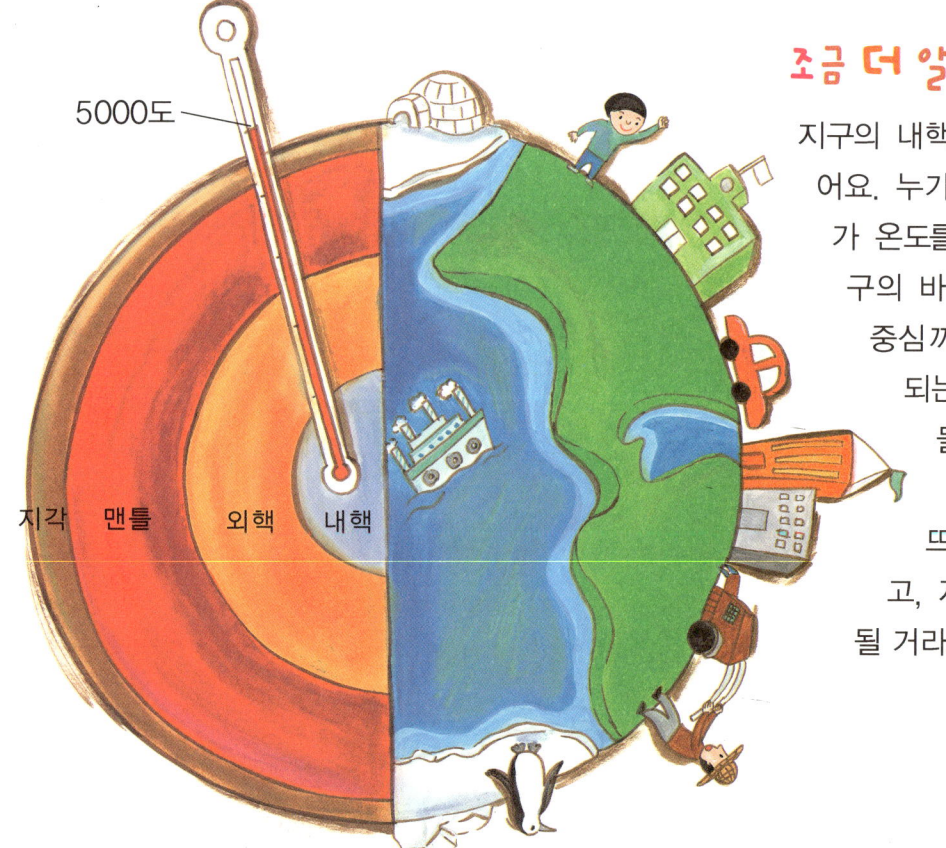

조금 더 알기!

지구의 내핵은 온도가 5,000도쯤 되어요. 누가 지구의 중심을 파고들어가 온도를 쟀을까요? 아니에요. 지구의 바깥 부분인 지각에서 지구 중심까지는 6,400킬로미터나 되는데 뜨거워서 끝까지 파고 들어가지 못해요. 과학자들은 땅을 파고들어갈수록 뜨거워진다는 것을 알아내고, 지구의 중심은 5,000도쯤 될 거라고 짐작을 할 뿐이에요.

지구의 무게는 얼마인가요?

내가 이렇게 무겁다니~

지구를 번쩍 들어 올려 무게를 잴 수 있는 저울이 있을까요? 없어요. 그렇다고 실망하지 마세요. 지구의 무게를 알 수 있는 방법이 있답니다. 지구의 맨 위층인 지각과 그 다음 부분인 맨틀, 그리고 그 다음 부분인 외핵과 내핵의 무게를 따로따로 계산하여 합하면 된답니다. 여러분, 놀라지 마세요. 이렇게 재어 보니 지구의 무게는 무려 6조 톤의 1억 배랍니다. 상상도 할 수 없는 어마어마한 무게이지요?

지각 + 맨틀 + 외핵 + 내핵

=6조 톤의 1억 배?

우와~

지구

# 지구의 크기는 얼마만 한가요?

지구의 크기는 인공위성으로 재면 알 수 있어요.
둘레는 약 4만 킬로미터이고, 반지름은 약 6,400킬로미터랍니다.
그런데 지구는 축구공처럼 완전히 동그란 모양은 아니고,
지구를 가로로 반 그은 적도 부근이 볼록한 타원형이랍니다.
그렇기 때문에 지구의 둘레와 반지름이 일정하지 않아요.
지구의 반지름을 적도에서 재면 약 6,380킬로미터이지만,
극에서 재면 약 6,360킬로미터랍니다.

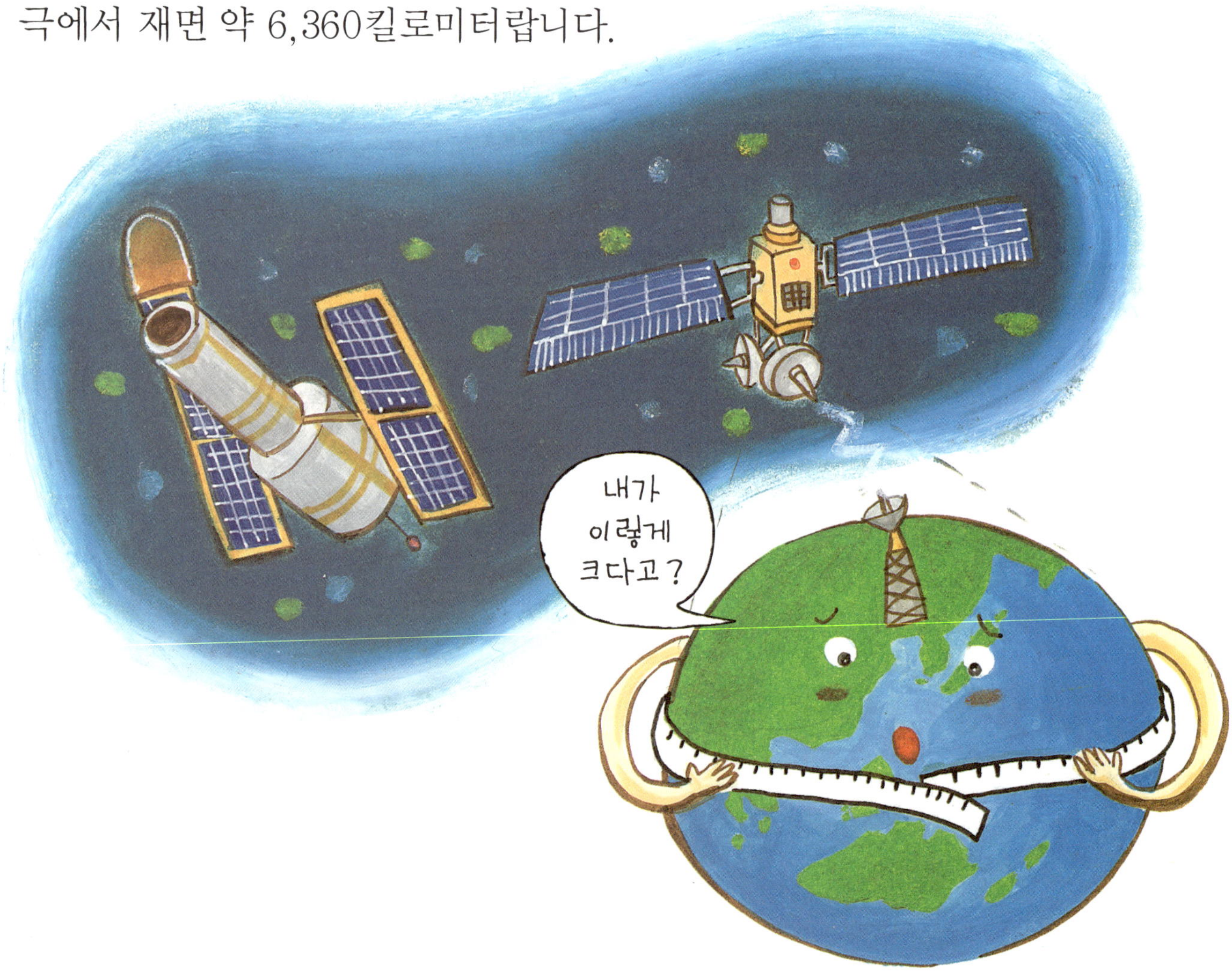

내가 이렇게 크다고?

# 지구의 모양은 어떠한가요?

지구 모양을 정확히 알 수 있는 방법은 인공위성으로 사진을 찍어 보는 거라고 했어요. 그리고 사진을 보니 지구는 완전히 둥근 모양이 아니고 적도 부근이 약간 볼록한 공 모양이었어요.

지구가 둥글기 때문에 항구를 떠난 배는 점점 가라앉는 것처럼 보여요. 지구가 평평하다면 배의 크기만 달라질 뿐 전체가 다 보였을 거예요. 높은 곳에 올라가면 볼 수 있는 부분이 더 많아지는 거라든지, 개기 월식 때 비친 지구의 그림자가 둥근 점 등은 모두 지구가 둥글다는 증거예요. 참, 지구가 둥글기 때문에 한 방향으로 계속 가면 처음 출발했던 곳으로 되돌아온답니다.

조금 더 알기!

지구가 둥글다고 맨 처음 말한 사람은 누구일까요? 그리스의 수학자 피타고라스예요. 그때 사람들은 지구가 네모나다고 생각했는데 피타고라스는 '지구는 공 모양'이라고 말했답니다. 그 이후 아리스토텔레스, 에라토스테네스 등이 지구가 둥글다는 것을 과학적으로 밝혀냈어요.

지구에 사람이 살기 시작한 것은 언제부터인가요?

지구에 사람이 살기 시작한 것은 지금으로부터 약 300만 년 전이에요. 장소는 남아프리카이고요.

최초의 사람들은 온몸이 털로 뒤덮여 있었고 머리도 작았지만, 두 발로 서서 걸었으며, 두 팔을 이용해서 도구를 만들어 사용했어요. 이들의 특징 가운데 두 다리로 서서 걷고, 팔을 이용해서 도구를 만들어 쓸 줄 알았다는 것은 중요한 점이에요. 그것은 사람과 동물을 구분하는 뚜렷한 차이이니까요. 이들 최초의 사람들은 '남방의 원숭이'라는 뜻으로 '오스트랄로피테쿠스'라고 해요.

오스트랄로피테쿠스 　 호모 에렉투스 　 호모 사피엔스 　 호모 사피엔스 사피엔스

조금 더 알기!

오스트랄로피테쿠스는 지금의 우리들 모습과는 많이 다르지요? 사람은 오스트랄로피테쿠스 이후 조금씩 진화를 해서 지금의 모습이 되었답니다. 오스트랄로피테쿠스에서 호모 에렉투스를 거쳐 호모 사피엔스 시기를 지나 호모 사피엔스 사피엔스로 진화되었지요. 호모 사피엔스 사피엔스가 지금의 우리들 모습이랍니다.

지구는 커다란 자석이라고요?

지구가 하나의 커다란 자석이란 것은 나침반이 증명해 주어요. 방위를 알려 주는 나침반을 수평으로 놓으면 지구 위 어느 곳에서든 바늘이 남과 북을 가리키거든요. 이것은 지구가 자석처럼 전기가 흐르고 있다는 것을 말해 주는 거예요. 전기는 지구의 외핵에서 만들어져요. 외핵에는 철이 녹아 있다고 했지요? 지구가 움직이면 녹아 있는 철도 움직이는데 이때 전기가 만들어진답니다.

조금 더 알기!

지구가 커다란 자석이라는 것은 영국의 엘리자베스 1세 때 윌리엄 길버트가 발견했어요. 길버트는 복각계라는 자석이 끌리는 방향을 알 수 있는 기계를 만들어서 지구가 하나의 커다란 자석이라는 것을 알아냈어요.

127

# 지구가 둥근데 왜 우리는 떨어지지 않나요?

동그란 공 위에 무엇이든 올려놓아 보세요. 제대로 올려지나요?
떨어져 버리지요?
그런데 우리 사람들은 어떻게 둥근 지구 위에서 떨어지지 않고 살 수 있을까요? 사람뿐만 아니라 물건들은 또 어떻게 제자리에 붙어 있는 걸까요?
그것은 중력 때문이에요. 지구의 중심에서 나오는 아주 강한 힘이 사람도, 물건도, 바다도 모두 지구 중심으로 끌어당기기 때문에 지구 위에 꼭 붙어서 떨어지지 않는 거랍니다. 지구, 알면 알수록 참 신기하지요?

중력

조금 더 알기!

태양이 지구를 중력으로 끌어당기고 있다고 했지요? 중력이란, 물체가 서로 끌어당기는 힘을 말한답니다.

지구는 우주에 떠 있는 거라고요?

지구는 우주 공간에 덩그러니 떠 있어요.

우주에 떠서는 한시도 쉬지 않고 태양 주위를 빙빙 돌고 있지요.

아래로 떨어지지 않고 우주 공간에 떠서 돈다니 신기하지요?

태양은 아주 강한 중력으로 지구를 끌어당기고 있어요. 하지만 지구는 매우 빠르게 태양 주위를 돌기 때문에 태양으로부터 튕겨 나가려는 원심력을 가지고 있답니다.

한마디로 태양이 지구를 끌어당기는 힘과 지구가 태양으로부터 떨어져 나가려는 힘이 서로 팽팽하게 맞서고 있는 거지요. 그러다 보니 지구가 태양 쪽으로 확 끌려가지도 않고, 지구가 태양으로부터 멀어지지도 않고 우주 공간에 떠 있을 수 있는 거랍니다.

 # 대기란 무엇인가요?

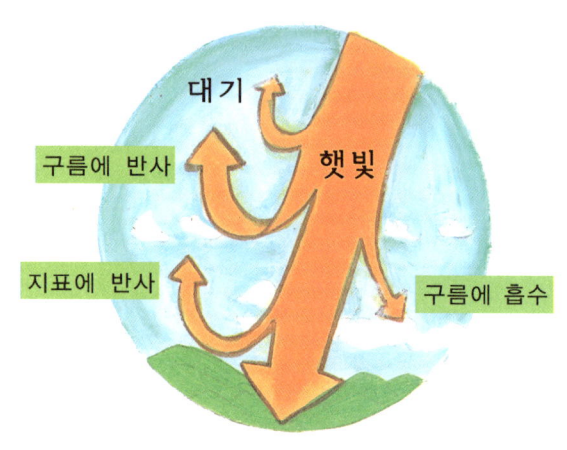

지구는 우주 공간에 떠 있어요. 우주는 우리가 숨을 쉴 때 필요한 공기가 없는 곳이에요. 그런데 우리는 어떻게 숨을 쉴 수 있을까요? 그것은 지구에 대기라는 고마운 존재가 있기 때문이에요. 대기는 지구를 빙 둘러싸고 있는 공기랍니다. 대기 덕분에 사람도, 동물도, 식물도 숨을 쉬고 살 수 있는 거지요. 또한 대기는 두꺼운 층을 이루고 있기 때문에 강한 태양 빛으로부터 우리를 보호해 주기도 한답니다.
이렇게 고마운 대기가 우주로 날아가 버리면 어쩌지요? 안심하세요. 지구의 중력이 대기가 우주로 날아가지 못하도록 꽉 끌어당기고 있으니까요.

조금 더 알기!

대기는 우리 눈에 보이지 않고 냄새도 색깔도 맛도 없어요. 대부분 질소(78퍼센트)와 산소(21퍼센트)로 이루어져 있고, 아주 적은 양의 수소, 이산화탄소, 메탄 등이 들어 있어요.

지구에는 몇 개의 대륙이 있나요?

지금 지구에는 일곱 개의 대륙이 있어요. 아시아, 유럽, 아프리카, 남아메리카, 북아메리카, 오세아니아, 남극 등이지요. 대부분 적도를 중심으로 위쪽인 북반구에 있어요.

그러면 지구를 둘러싸고 있는 큰 바다는 몇 개일까요? 태평양, 대서양, 인도양, 남극해, 북극해 이렇게 다섯 개예요. 바다는 대륙보다 개수는 적지만, 지구의 3분의 2 이상이 바다일 정도로 지구의 많은 부분을 차지하고 있답니다.

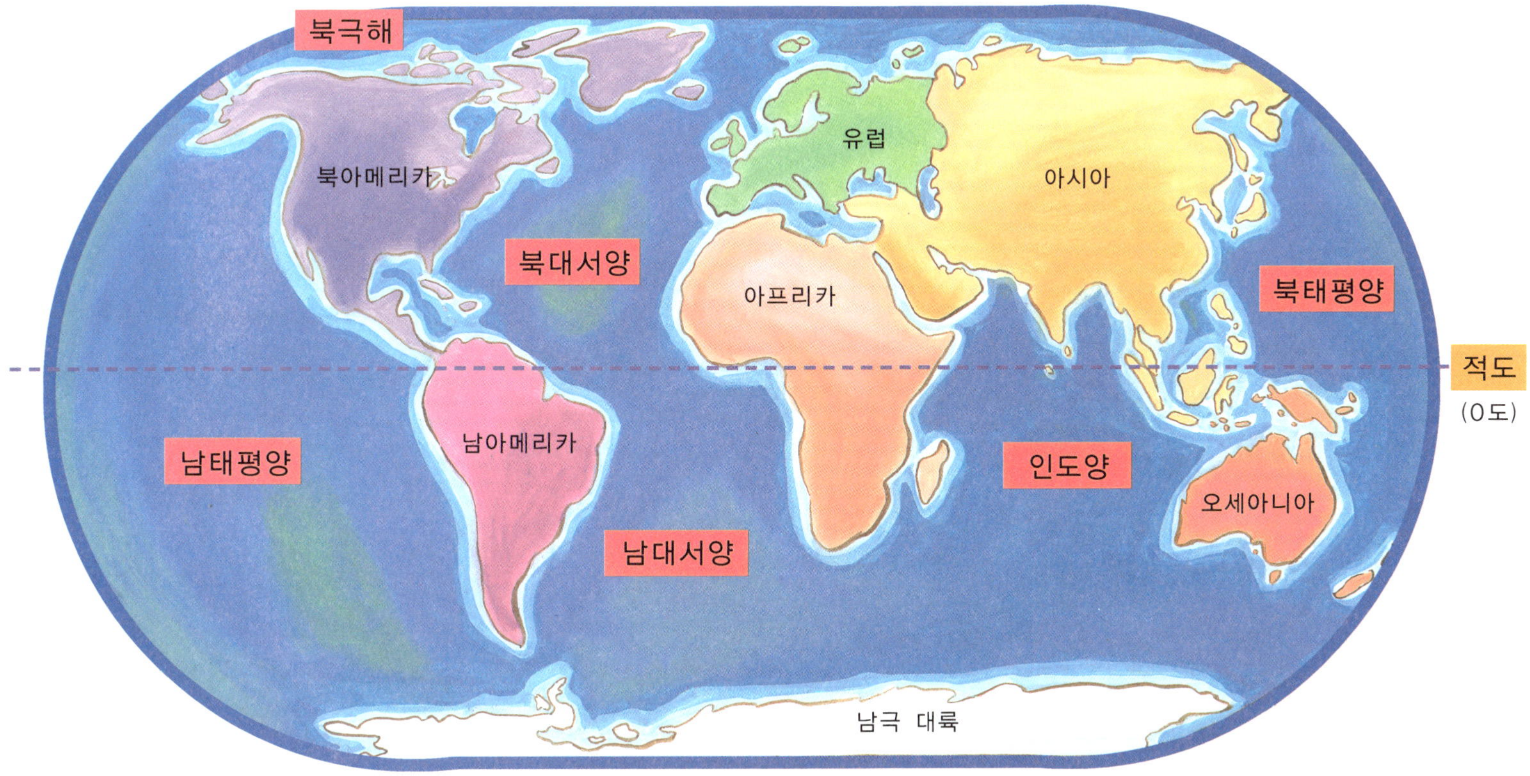

지진은 왜 일어나나요?

지진은 땅속 맨틀 위에 있는 암석 판에 어떤 일이 생겼기 때문에 일어나요. 판들은 움직이면서 서로 밀치고 부딪치는데 약한 판이 힘을 견디지 못하고 끊어지면 지층이 어긋나게 돼요. 이때 바로 지진이 일어나는 거예요. 지진이 일어나면 땅이 흔들리고 쾅! 하는 큰 소리가 난답니다. 건물들은 기울어지고, 도로는 끊어져 위험하지요. 화산이 폭발할 때도 지진이 일어나기는 하지만 이때는 그다지 피해가 크지 않아요.

화산이 뭐예요?

땅속 깊은 곳은 상상할 수 없을 정도로 열이 높아요. 그래서 단단한 암석도 죽처럼 녹아 있답니다. 단단한 암석이 녹아 있다니 얼마나 뜨거울까요? 상상이 가나요? 무려 1,200도랍니다. 땅속의 암석이 녹아 있는 것을 마그마라고 해요. 마그마가 있는 부분을 맨틀이라고 한답니다.
마그마는 위쪽 암석에 틈이 생기면 위로 조금씩 올라와 고여 있어요. 그러다가 높은 열과 압력을 이기지 못하고 땅의 약한 부분을 뚫고 폭발하게 되는데, 이것이 바로 화산이에요.

화구

지각

맨틀   마그마

화산은 몇 가지 형태로 생기나요?

마그마

맨틀

화산은 세 가지 형태로 생겨나요.
첫째는 바다 속에서 판이 갈라져 그 틈으로 마그마가 솟아오르는 경우예요.
둘째는 두 개의 판이 부딪쳐 힘이 약한 판이 강한 판 아래로 밀려들어가
다시 마그마가 되어 틈 사이로 나오는 경우예요.
셋째는 마그마가 지각을 여러 번 찍어 구멍을 낸 뒤 그 구멍으로
마그마가 솟아오르는 경우예요.

화산이 폭발할 때 나오는 것은 무엇인가요?

화산이 폭발하면 용암, 화산 가스, 화산재와 화산진이 나와요. 용암은 땅속에 있던 마그마가 땅 위로 올라왔을 때 부르는 말이에요. 뜨겁고 끈적끈적한 용암은 땅 위로 나오면 굳어 바위가 돼요. 용암 때문에 산에 사는 동물과 식물은 생명을 잃게 되지요. 화산진은 화산재보다 알갱이가 더 작은 것으로 마치 먼지와 같아요. 화산재와 화산진은 화산 폭발이 끝난 뒤에도 오랫동안 하늘에 떠 있어서 햇빛을 가린답니다. 그래서 화산 폭발이 있었던 곳의 기후를 변화시켜요. 화산 가스를 이루고 있는 것은 거의 전체가 수증기라서 화산 폭발 지역에 많은 비를 내릴 수 있어요.

가장 크게 일어난 화산 폭발은 무엇인가요?

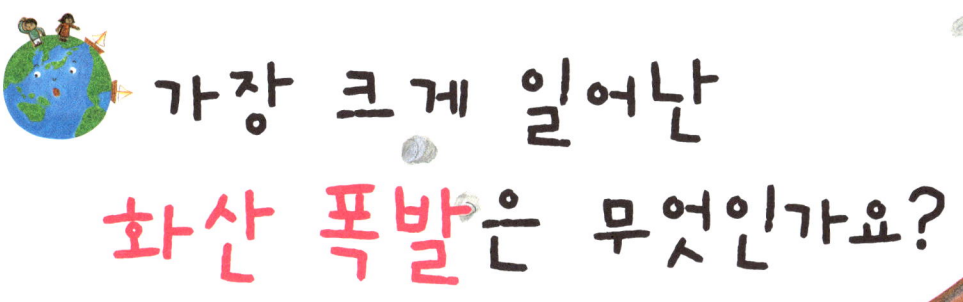

79년, 이탈리아의 나폴리 근처에 있는 베수비오 화산 폭발이에요. 이 화산 폭발로 로마 제국의 폼페이라는 도시 전체가 용암과 화산재에 뒤덮여 순식간에 사라졌어요. 그 당시 도시에 살던 2만여 명이 모두 목숨을 잃었을 정도로 끔찍한 사건이에요. 최근에 폼페이를 발굴하면서 도시의 건축물을 비롯하여 뜨거운 용암에 온몸이 굳은 사람들의 놀란 얼굴, 먹다 만 음식물 등이 발굴되어 당시의 처참했던 상황을 알 수 있게 되었어요. 베수비오 화산은 지금은 폭발이 멈추었지만 여전히 수증기를 내뿜고 있어요. 언제 또 화산이 폭발할지 모르는 활화산이지요.

 바람은 왜 부나요?

무더운 여름, 땀을 말려 주는 시원한 바람. 따뜻한 봄날 불어오는 훈훈한 봄바람, 나뭇잎을 살랑거리는 가을바람 등……. 보이지 않는 바람은 도대체 뭘까요?

바람은 바로 공기예요. 더 정확하게 말하면 공기가 움직이는 것이 바람이랍니다. 공기는 따뜻한 공기가 위로 올라가고 위에 있던 차가운 공기가 그 빈 자리로 들어오는 일을 되풀이해요. 이때 주위보다 공기가 많으면 고기압이라 하고, 적으면 저기압이라고 해요. 공기는 늘 고르게 퍼져 있으려 하기 때문에 공기가 많은 곳에서 적은 곳으로 움직여 부족한 공기를 채워 주는데, 이렇게 공기가 움직이는 것이 바로 바람이랍니다.

 따뜻한 공기

 차가운 공기

낮과 밤은 왜 생겨요?

팽이를 돌려 보았나요?

팽이가 돌 때 가운데 축을 중심으로 뱅그르르 돌아가지요?

지구도 팽이처럼 가운데 축을 중심으로 하루에 한 바퀴씩 스스로 돈답니다. 이를 지구의 자전이라고 해요. 지구가 자전을 하면 낮과 밤이 생긴답니다.

지구가 자전을 하기 때문에 태양이 지구를 비추는 면이 계속 바뀌는 거예요. 지구가 태양을 보는 쪽은 낮이 되고, 그 반대편은 어두운 밤이 되는 것이지요.

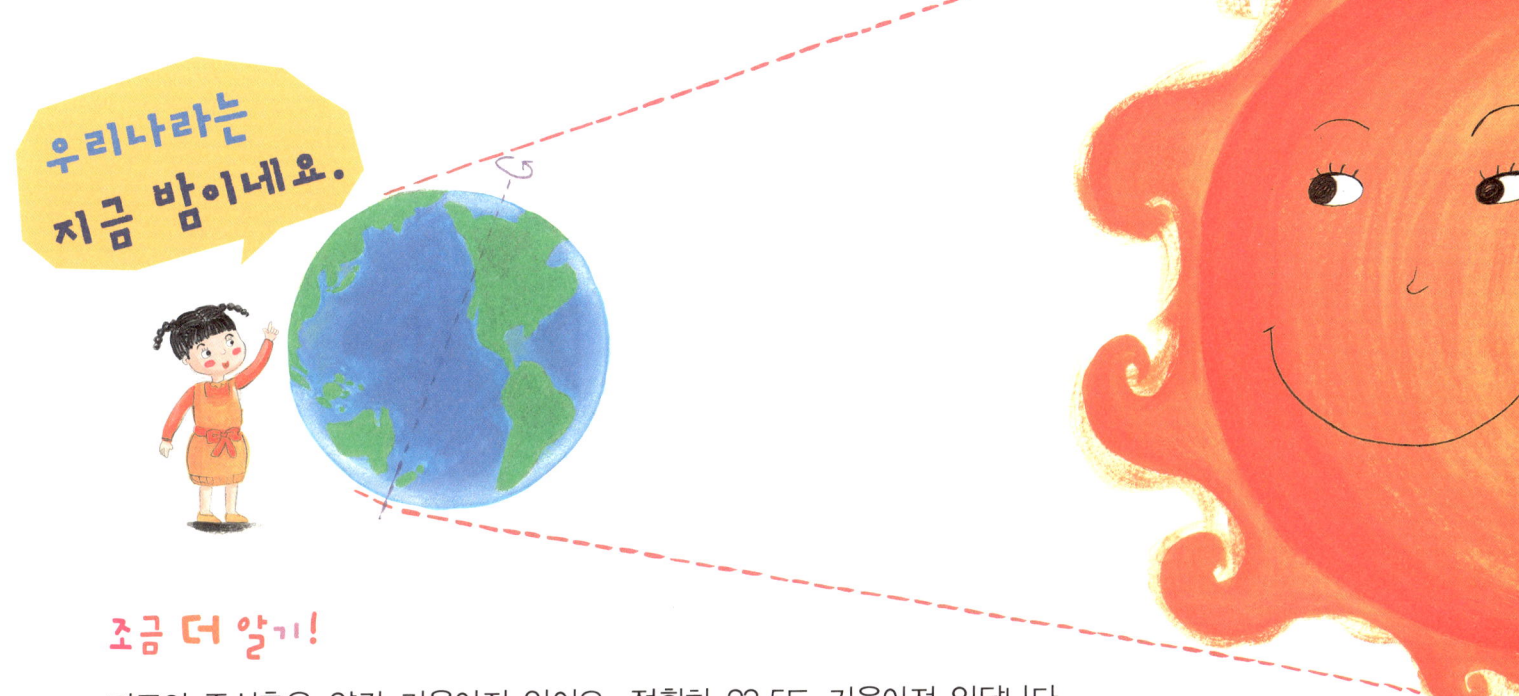

우리나라는 지금 밤이네요.

조금 더 알기!

지구의 중심축은 약간 기울어져 있어요. 정확히 23.5도 기울어져 있답니다. 지구의 중심축이 기울어져 있지 않으면, 태양이 뜨는 위치와 높이는 시간마다 똑같고, 밤과 낮의 길이도 늘 같아 계절의 변화가 생기지 않는답니다.

지구에서 가장 더운 곳은 어디인가요?

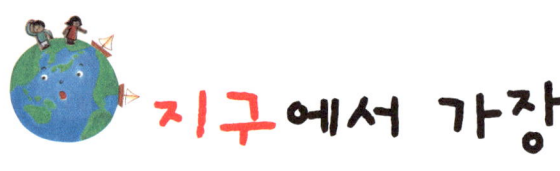

지구에서 가장 더운 곳은 열대 지방이에요. 열대 지방은 태양 빛이 가장 많이 비치는 곳이거든요. 적도에서 남북 위도 23.5도까지가 열대 지방이에요.

아라비아 사막을 포함한 중동이나 사하라 사막이 있는 북아프리카가 세계에서 가장 더운 곳이에요.

이집트의 수도인 카이로 주변의 평균 기온은 보통 40~45도, 이라크의 수도 바그다드는 50도를 넘곤 한답니다.

지구에서 가장 추운 곳은 어디인가요?

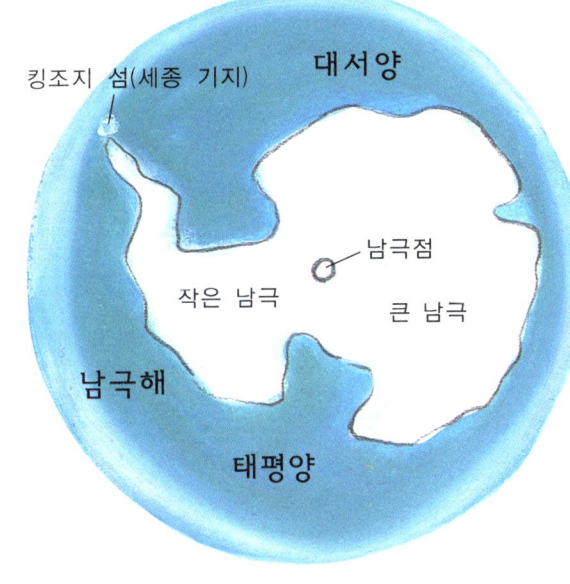

〈지구 아랫부분〉

지구에서 가장 추운 곳은 남극이에요. 북극보다 훨씬 더 추워요. 남극은 두꺼운 얼음이 덮여 있는 곳이라서 태양빛의 대부분을 반사시켜 버려요. 반사는 빛이 들어온 곳으로 다시 내보내는 것을 말해요. 더욱이 겨울에는 강한 바람이 다른 지역에서 들어오는 열을 막아 버려 더욱 춥답니다. 1년 동안 평균 기온은 영하 55도이고, 최고로 따뜻한 달은 영하 30도, 최고로 추운 달은 영하 70도나 돼요. 가장 추웠을 때는 영하 88.3도까지 내려갔을 때예요.

조금 더 알기!

남극에는 우리나라의 과학 기지인 세종 기지가 있어요. 1988년부터 35명 정도의 연구원들이 이곳에서 남극 지역의 대기, 지층과 암석, 동식물에 대한 조사와 연구를 하고 있어요. 남극은 어느 나라의 땅도 아니에요. 우리나라를 포함하여 미국, 브라질, 중국, 독일 등 12개 나라가 과학 기지를 두고 연구를 하고 있어요.

바닷물은 왜 겨울에 얼지 않아요?

바닷물은 짠맛이 나지요? 바닷물에 소금기가 있어서 그렇답니다. 이 소금기 때문에 바닷물은 잘 얼지 않아요. 우리가 마시는 물은 기온이 0도이면 언답니다. 하지만 소금물은 영하 2도서부터 얼기 시작해요. 그런데 바닷물은 가만히 머물러 있지 않고, 아래쪽의 더운 바닷물이 위쪽으로 올라오고 위쪽의 차가운 바닷물이 아래쪽으로 내려오는 일이 계속되기 때문에 영하 2도로 내려가기가 쉽지 않아요. 그래서 바닷물은 겨울에도 얼지 않는답니다.

조금 더 알기!

바닷물이 파랗게 보이는 것은 물이 빛에 들어 있는 여러 가지 빛깔 가운데 파란색을 많이 반사하기 때문이에요. 하지만 파도는 하얗게 보이지요? 빛은 모두 섞이면 흰색으로 보이는데 파도가 칠 때 물방울들이 여러 가지 빛을 흩어지게 하다 보니 빛이 섞이어 하얗게 보이는 거랍니다.

차가운 물

따뜻한 물

빙하는 왜 생기나요?

북극이나 남극, 그린란드에는 두껍고 단단한 얼음 덩어리인 빙하가 있어요. 북극은 바다 위에 빙하가 떠 있고, 남극과 그린란드는 땅 위를 빙하가 덮고 있어요.

빙하는 겨울에 내린 눈이 녹았다 얼었다를 수천 년 동안 되풀이하면서 굳어 단단해진 거예요. 얼음 덩어리에 눈이 내려 쌓이고 또 쌓여 얼고 녹았다를 되풀이하면서 점점 커져 커다란 얼음 덩어리가 된 것이지요.

조금 더 알기!

빙산이라는 말을 들어 보았나요? 빙산은 빙하가 녹으면서 떨어져 나와 호수나 바다에 흘러다니는 얼음 조각이에요. 조각이라고 해도 커다란 덩어리랍니다. 남극, 북극, 그린란드의 빙하 지역에서 볼 수 있어요.

무지개는 어떻게 생기나요?

무지개는 흔히 비가 그친 뒤 태양의 반대쪽에 반원을 그리며 떠요.
빨강, 주황, 노랑, 초록, 파랑, 남색, 보라 일곱 색깔을 띠지요.
무지개는 공기 중에 떠 있는 물방울이 햇빛을 받아 나타나는 거예요.
빛은 어떤 물건에 닿으면 곧게 나가지 못하고 꺾여요. 또 닿았던 곳에서
다시 되돌아 나가는 반사를 일으키지요. 무지개는 이러한 빛의 성질에 의해
생기는 거예요. 물방울에 닿은 빛이 꺾이다 보니 반원을 그리고, 꺾인 빛이
다시 반사를 일으켜 되돌아 나오므로 무지개 색깔을 나타내는 것이지요.
무지개를 보면 햇빛이 여러 가지 색깔을 가지고 있다는 것을 알 수 있지요?

천둥과 번개는 왜 생기나요?

구름을 이루고 있는 작은 물방울들이 서로 마찰을 하면 전기가 생겨요. 특히 여름과 같이 구름이 많이 있을 때는 구름과 구름끼리 부딪쳐 공기 중에 많은 전기가 흐르게 돼요. 구름 주위에 있던 많은 전기는 순간적으로 전기가 없는 곳으로 흐르게 되는데, 이때 천둥과 번개가 생겨요.

번쩍! 하고 빛나는 것이 번개이고, 우르릉 쾅! 하고 소리가 나는 것이 천둥이에요. 천둥은 흐르는 전기의 높은 에너지 때문에 공기가 부풀어 나는 소리예요.

천둥과 번개는 동시에 생기지만 빛이 소리보다 더 빠르기 때문에 번개가 친 뒤에 천둥소리를 들을 수 있는 거랍니다.

우주는 어떻게 생겨났나요?

우주는 사람이 나타나기 훨씬 전에 생겨났어요. 그래서 많은 과학자들은
우주가 어떻게 생겨났는지 연구를 했답니다. 그리고 마침내 알아냈지요.
맨 처음 우주는, 거품 같은 모습의 에너지가 가득 차 있는 작은 점이었어요.
어느 날 이 점에서 커다란 폭발이 일어나면서 우주가 생겨났어요.
폭발이 있은 직후 우주는 무척 빠르게 커지기 시작하여 거의 순식간에
지금의 모습을 갖추게 되었답니다.
그리고 놀랍게도 그때부터 지금까지 우주는 멈추지 않고
계속 커지고 있지요.

조금 더 알기!

우주가 작은 점에서 폭발을 일으켜 생겨났다는 주장을 '빅뱅 이론' 이라고 해요. 빅(Big)은 '큰' 이라는 뜻이고, 뱅(Bang)은 '쾅' 이라는 뜻이에요. 그래서 빅뱅은 '대폭발' 이라고 하지요.

블랙홀이 뭐예요?

블랙홀은 우리말로 '검은 구멍'이라는 말이에요.
블랙홀은 별이 폭발할 때 급격하게 수축이 되어 중력이 커진 천체를 말해요.
블랙홀의 중력은 너무 커서 무엇이든 한 번 빨려 들어가면 나올 수가 없답니다. 빛도, 에너지도, 그 어떤 물질도 블랙홀에서는 빠져나오지 못하지요.
블랙홀은 태양보다 무거운 별이 진화의 마지막 단계에서 급격하게 수축을 하여 생기기도 하고, 대폭발로 우주가 생길 때 물질이 덩어리로 뭉치면서 생겨나기도 해요.

조금 더 알기!

천체란 우주에 있는 모든 물체를 말한답니다.
항성, 행성, 혜성, 위성, 성운, 성단, 위공위성 등이 모두 천체랍니다.

우주도 나이가 있나요?

우주의 나이를 정확히 알기는 쉽지 않아요.
과학자들은 여러 가지 방법으로
우주 나이를 가늠해 보고 있답니다.
가장 많이 알려진 방법은 우주가 커지는 속도를
거꾸로 계산해서 알아보는 방법이에요.
우주는 지금도 계속 커지고 있어요.
그래서 은하와 은하의 사이가 점점 더 멀어지고 있지요.
이 멀어지는 속도와 그 사이의 거리를 거꾸로 계산해 보면
우주의 처음 상태인 작은 점이었던 때를 알 수 있답니다.
그렇지 않으면 우주에서 가장 오래된 별들의 나이를 알아내서
우주의 나이를 가늠해 볼 수도 있어요.
이 두 가지 방법으로 짐작해 볼 때 우주 나이는
약 120억 년~140억 년 정도 된답니다.

우주

이 별의 나이는?

난 너무 늙었어.

조금 더 알기!

은하란 타원 모양이나 나선 모양으로 수천억 개의 별이 모여 있는 집단을 말해요. 또 은하수는 많은 별이 모여 은빛으로 빛나는 강처럼 보이는 것을 말해요.

우주에 끝이 있나요?

그럼요. 우주에는 끝이 있답니다.
우주는 아주 많은 은하로 이루어져 있어요. 은하는 쉬지 않고 멀어지고 있는데, 은하가 멀어지는 것은 우주가 쉬지 않고 빠른 속도로 커지고 있기 때문이랍니다. 이렇게 계속 커지는 우주에서 제일 멀리 있는 은하가 바로 우주의 끝이랍니다.
그런데 우주가 계속 커지기 때문에 우주의 끝은 고정되어 있지 않고 계속 바뀌게 되지요. 이러한 사실을 알아낸 사람이 누구냐고요? 바로 미국의 천문학자 허블이랍니다.

우주

151

맨 처음 우주에 간 생명체는 개라면서요?

맨 처음 우주에 간 생명체는 사람이 아니에요. '라이카'라는 옛 소련의 떠돌이 개였답니다.

1957년 11월 3일, 라이카는 우주선 스푸트니크 2호를 타고 우주로 날아갔어요. 아직 우주에 사람이 간 적 없었기에 동물을 먼저 보낼 수밖에 없었지요. 하지만 라이카는 지구로 돌아오지 못하고 우주에서 죽었답니다. 그 당시는 우주선을 다시 지구로 돌아오게 하는 기술이 없었고, 라이카가 탄 우주선의 온도 조절 장치에 고장이 났었거든요.

라이카는 죽었지만, 라이카는 중력이 없는 우주에서도 심장과 혈압이 정상을 유지해서, 우주에서도 온도와 습도가 조절되면 생명체가 살 수 있다는 사실을 알게 했어요. 그 뒤 사람을 태우고 우주로 가는 연구가 활발해졌답니다.

조금 더 알기!

2008년 4월 11일, 지금의 러시아 모스크바 군사 연구소에 맨 처음 우주에 간 생명체인 라이카를 기념하는 동상이 세워졌어요. 2미터 높이의 로켓 꼭대기에 라이카가 서 있는 모습이랍니다.

우주

맨 처음 우주에 다녀온 사람은 누구인가요?

옛 소련의 군인이었던 유리 가가린이에요.
유리 가가린은 라이카가 죽은 지 4년 뒤인 1961년 4월 11일,
보스토크 1호를 타고 지구를 한 바퀴 돌고 무사히 돌아왔답니다.
세계 처음으로 사람이 우주선을 타고 우주를 갔다 온 것이지요.
참, 보스토크 1호는 1명만 탈 수 있는 우주선이어서
유리 가가린 혼자 우주를 다녀왔답니다.
유리 가가린은 우주에서 지구를 보고
"지구는 푸른빛이다."라는 유명한 말을 했어요.
유리 가가린은 1968년 비행 훈련을 하다
제트기가 추락하는 바람에 숨을 거두었답니다.

우주

지구는 푸른빛이다.

우와~
100번씩이나?

우주 왕복선이 뭐예요?

우주 왕복선은 사람을 싣고 우주와 지구를 몇 번이고 왔다 갔다
할 수 있는 우주선이에요. 1981년 미국항공우주국에서 처음으로
우주 왕복선을 발사하였답니다.
그 전에는 우주에 갔던 우주선이 지구로 돌아오면 버리고 새 우주선을
만들어 쓰곤 했어요. 우주선을 만들려면 많은 돈과 시간이 드는데,
한 번 쓰고 버리는 것은 참 아까운 일이었지요.
그래서 생각해 낸 것이 우주 왕복선이었어요.
우주 왕복선은 약 100번 정도를 되풀이해서 쓸 수 있답니다.

조금 더 알기!

미국항공우주국(NASA)을 아시나요? 줄여서 '나사'라고도 하지요. 미국의 우주 개발에 관한 모든 일을 진행하는 곳이에요. 나사는 지금 아주 큰 우주 정거장 만드는 일을 계획하고 있답니다.

아이고 100번째가?

우주선의 도킹이 뮈예요?

도킹 성공!!

"우리나라 최초의 우주인 이소연 씨가 탄 소유스 호가 드디어 도킹에 성공했습니다!"
텔레비전에서 러시아의 우주선 소유스 호의 도킹 장면이 방영되었어요. 어린이 여러분도 보았나요?
그런데 도킹? 도킹이 뭔지 궁금하다고요?
도킹은 우주 공간에서 하나의 우주선이 다른 우주선과 결합하는 일이에요.
우주에는 미리 만들어 놓은 우주 정거장이 있어요.
지구에서 쏘아 올린 우주선은 우주 정거장과 결합을 해서 부족한 연료도 받고, 장비와 물자를 보급받기도 해요. 또 우주 비행사는 타고 간 우주선에서 우주 정거장으로 옮겨 탄 뒤 우주 실험을 하기도 한답니다.

우주 정거장은 무엇인가요?

우주 비행사들이 우주에 가면 머물 곳이 있어야 해요. 또 사람이 타고 가는 우주선은 작아서 우주에 있는 동안 쓸 연료를 다 가지고 갈 수 없어요. 그래서 중간에 부족한 연료를 채워 넣을 곳이 필요하지요. 그리고 우주를 탐사할 때 쓸 장비를 갖출 곳도 필요하고요.

우주 정거장은 이러한 일들을 할 수 있게 만들어 놓은 곳이랍니다.

우주 비행사들은 우주 정거장에 머물면서 부품을 조립해서 우주를 탐사할 탐사선을 만들기도 하고, 여러 명의 우주 비행사와 함께 과학 실험을 하기도 해요. 우주 정거장은 우주 공간에 떠 있는 아주 큰 우주선이라고 생각하면 돼요.

우주 정거장 안에는 숨을 쉴 수 있는 공기가 있어서 우주 비행사는 우주 정거장 안에서는 우주복을 입지 않아도 된답니다.

조금 더 알기!

1998년부터 미국항공우주국과 유럽우주기구, 일본, 캐나다, 브라질, 러시아 등 세계 16개 나라가 힘을 합해 국제 우주 정거장을 만들기 시작했어요. 새 국제 우주 정거장은 축구장 두 개를 합친 크기로, 지구에서도 달과 금성 다음으로 반짝이는 별로 볼 수 있다고 해요. 이곳에서는 7명의 우주 비행사가 머물면서 오랜 동안 우주에 머물 때 사람 몸이 어떻게 변하는지와 중력이 없는 곳에서 할 수 있는 여러 실험을 할 계획이랍니다.

우주복은 왜 하얀가요?

우주 비행사 옷이 왜 하얀지 궁금하다고요? 다 까닭이 있어요.
색깔 가운데 흰색과 검정색은 태양빛에 민감하거든요.
흰색은 태양빛을 반사하지만, 검정색은 태양빛을 흡수해요.
어려운가요? 반사는 빛이 닿으면 도로 튕겨버리는 거고요,
흡수는 스펀지가 물을 빨아들이듯이 빛을 쏘옥 빨아들이는
거라고 생각하면 돼요.
우주에서는 태양빛이 무척 강하게 비쳐요. 그래서 우주 비행사들은
뜨거운 빛을 반사시키기 위해 흰색 옷을 입는답니다.
아, 그런데 우주선이 발사될 때와 지구로 돌아올 때는
오렌지색 우주복을 입어요. 사고가 났을 때
구조대원의 눈에 잘 띄게 하기 위해서랍니다.

조금 더 알기!

우주복은 그 무게만 해도 100킬로그램이 넘는 옷이에
요. 우주복에는 산소 공급 장치나 생명 유지 장치 등
여러 기구도 달려 있어서 무척 무겁지요. 그런데 어떻
게 우주 비행사가 그 무거운 옷을 입을 수 있냐고요?
우주에는 중력이 없기 때문에 무게가 없어요. 그래서
무게가 0킬로그램이랍니다. 우주 비행사는 우주복을
입고 우주선 밖에서 8시간 정도 일을 할 수 있어요.

우주 비행사는 우주에서 어떻게 숨을 쉬나요?

우주는 지구와 무척 다른 곳이에요. 우리가 숨 쉬는 데 필요한 산소도 없고, 우리 몸의 피가 액체 상태로 있도록 해 주는 공기의 압력도 없지요. 공기의 압력이 없으면 우리 몸의 피는 끓어 넘친답니다.
우주 비행사의 몸을 보호하도록 만들어진 우주복 속에는 적절한 압력이 있고, 산소가 들어 있어요. 숨을 쉬면 나오는 이산화탄소도 없어지도록 만들어 놓았지요. 그래서 우주복을 입으면 공기가 없는 우주에서도 편히 숨쉴 수 있답니다. 그리고 우주복은 위아래가 나뉘어 있지만, 산소가 빠져나가지 않게 단단히 연결되어 있어요.

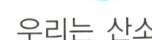

1~2학년 호기심 과학상식

글 해바라기 기획
글을 쓴 해바라기 기획은 어린이 눈높이에 맞춰 어린이 책을 기획하고, 원고를 쓰고 있습니다.
그동안 펴낸 책으로 「1학년이 보는 과학 이야기」, 「저학년이 보는 과학 이야기」, 「1학년이 보는 속담 이야기」
「저학년이 보는 인체 이야기」, 「저학년이 보는 우주 이야기」, 「저학년이 보는 지구 이야기」
「저학년이 보는 곤충 이야기」, 「저학년이 보는 동물 이야기」 등이 있습니다.

그림 김진경
공룡, 곤충, 우주를 그린 김진경 선생님은 대학교에서 동양화를 전공하고 아이들을 가르치다가
아이들을 위한 그림을 그리기 시작했습니다.
그동안 그림을 그린 작품으로 「3학년을 위한 백과사전」, 「남대천에 연어가 올라오고 있어요」
「과학 동화」, 「식물도감」, 「눈의 여왕」, 「20년 후」, 「선녀와 나무꾼」, 「용서」, 「1학년이 보는 속담 이야기」 등이 있습니다.

그림 최경희
동물을 그린 최경희 선생님은 대학교에서 시각디자인을 전공하고 (주)바른손카드, (주)서울그리팅스 디자인실에서 근무했습니다.
아이들을 사랑하고 아이들을 위한 그림 그리기를 좋아하는 선생님은, 현재 프리랜서 일러스트레이터로 활동하며
북아트 강사를 겸하고 있습니다.

그림 김은경
인체와 지구를 그린 김은경 선생님은 서울산업대학교 시각디자인학과를 졸업했습니다.
2001년 SOKI 국제 일러스트 공모전에서 입상하였으며, 2003년 디자인 진흥원 패키지 공모전에서 장려상을 수상하였습니다.
아이들이 자신의 그림을 보고 많은 것을 공감할 수 있는 그림을 그리기 위해 늘 노력하고 있습니다.
현재 프리랜서 작가로 활동하고 있으며 그린 책으로 「모래톱 이야기」, 「심청전」, 「역사 인물 9인」, 「임금님의 하루」, 「로봇」
「1학년이 보는 수수께끼」, 「저학년이 보는 과학 이야기」, 「난 최고의 리더가 될 거야」, 「롤러코스터 타러 가요」 등이 있습니다.

초판 1쇄 발행 2021년 4월 20일

발행인 최명산 **글** 해바라기 기획 **그림** 김진경, 최경희, 김은경
책임 교정 최윤희 **디자인** 토피 디자인실

펴낸곳 토피출판사(등록 제2-3228) **주소** 서울시 서대문구 홍제천로 6길 31
전화 (02)326-1752 **팩스** (02)332-4672
홈페이지 주소 http://www.itoppy.com

이 책은 저작권법에 따라 보호받는 저작물이므로 무단 전재와 무단 복제를 금지합니다.

ⓒ 2021, 토피출판사 Printed in Korea
ISBN 979-11-89187-14-9